Pensamiento sistémico: Introducción, primeros auxilios y salvavidas para las organizaciones

Mauro Marino Jiménez

Introducción

En el principio de los tiempos, la gestión se basaba en estancos separados. Sabías que te iba bien porque contabas con ganancias gracias a tu sentido común, el conocimiento de lo que tenías que vender y la ausencia de problemas con el fisco. Y si tenías inconvenientes o limitaciones, siempre podías copiar las estrategias del que parecía estar mejor que tú.

Y durante un tiempo, eso estuvo bien.

Luego se integraron cambios en los modelos de trabajo. Se tuvo que recurrir a personal calificado, asumir que tenían ciertos derechos, entender que las necesidades de tus clientes irían cambiando y contar con que lo que tú vendas siga teniendo demanda. Además, tenías que hacer que todo se vea bien para la foto.

Y durante un tiempo, eso también estuvo bien.

Posteriormente, los negocios comenzaron a cambiar. Lo que antes servía para algo, de pronto perdió su utilidad. Y si no habías transformado tu servicio o producto, tenías que retirarte de la batalla. Por otra parte, si conseguías quedarte (de una forma u otra), siempre podías mantener esa experiencia como tus medallas de guerra ante las nuevas generaciones.

Y durante algo más de tiempo, eso también estuvo bien.

Finalmente, llegamos a un momento de la historia en que los valores y manejos de una empresa comenzaron a desajustarse en diferentes direcciones. Una gestión atornillada en el pasado solo cuenta con la eficacia (y sacrificio) de los mandos medios para abajo. Una gestión que falta el respeto a sus clientes (externos o internos) ayuda a la competencia y a la fuga de talentos. Una gestión enfocada solamente en las ganancias del día, contará con una muerte prematura. Una gestión que no previene cambios racionales colapsará, como lo hace un cuerpo con anemia o convulsiones.

Con el perdón del pragmatismo o la crudeza de estas líneas, me gustaría justificarme en un principio fundamental: las obras del ser humano -incluyendo la gestión de una empresa, un sistema de gobierno o una hogar- siempre son el reflejo de sí mismo. Por ello, al fundar un espacio de crecimiento económico, en el que participan personas, debes anotar que lo que diriges es, sobre todo, un organismo. Un sistema con propósitos explícitos en su misión y visión; pero que tiene una mente propia y colectiva sobre cómo lograrlo.

Lo que te cuento es un pequeño resumen de un fenómeno que tiene varios correlatos con el mundo del trabajo, el pensamiento, el arte y (con ligeras diferencias) en prácticamente todas las actividades productivas. Dependiendo de su naturaleza, estas formas o estilos pueden estar presentes de forma exclusiva, o coexistiendo en una dinámica que impulsa a las organizaciones en distintas direcciones. Por ello, la innovación requiere de actuaciones con sabiduría, racionalidad e inteligencia; antes que con actitudes reactivas, emocionales, repetitivas o inconsistentes. ¿Es posible lograr algo así? Por supuesto. ¿Es viable en una época de crisis como esta? En verdad, es la única opción.

Hoy en día, ninguna organización puede actuar en estancos separados o de espaldas a los cambios que se dan en el mundo. El conglomerado de ciencia, política, sociedad, salud y tecnología ha llegado a un punto en el que solo se puede razonar de forma sistémica; es decir, como un conjunto complejo de relaciones entre distintos agentes, actores y facilitadores, los cuales interactúan con elementos internos y externos a todo el organismo.

Por tales motivos, este libro te acompañará en cualquier entorno en el que te toque desempeñar un papel. Cuando emplees las estrategias que conversaremos aquí, verás con más claridad esos patrones que las personas suelen repetir en sus decisiones, cómo representar estos caminos y cuáles serían los enfoques para corregir y mejorar.

¿Podré cumplir mi promesa? Si no haces trampa con saltos de página o usar mi libro para conciliar el sueño, estoy prácticamente seguro de que así será. También te pido que me leas por completo y entre líneas… Te dejaré muchas pistas a propósito, para que te animes a buscar más información sobre uno y otro punto. Y mientras más busques, estoy seguro de que tendrás mejores ideas sobre el uso del pensamiento sistémico, la prospectiva y las formas para alcanzar el éxito en distintos niveles.

Esta propuesta de análisis, desarrollada por Peter Senge (1990) y otros investigadores del Massachusetts Institute of Technology (MIT), es uno de esos diez inventos que debes conocer y utilizar en la vida. Te servirá en prácticamente todo lo que hagas.

Toda explicación es una interpretación. Por ello, puede que dudes sobre lo que hay entre *La quinta disciplina* (el libro clave de Senge) y mis palabras. Por ello, te propongo dos soluciones: el cotejo de fuentes que te ofreceré sobre otros investigadores asociados con este modelo de pensamiento y el tamiz de mis propias publicaciones. No porque estas hayan sido elaboradas por mí, sino porque este derecho ha sido ganado a través de diversos comités editoriales y la revisión de pares. Cada vez que ofrezco un trabajo relacionado con la aplicación del pensamiento sistémico, este resulta incluido en una publicación científica de relevancia.

Este libro consta de tres capítulos. En el primero, te ofreceré ideas generales sobre el pensamiento sistémico, considerando el soporte teórico y una explicación en el lenguaje más sencillo posible. El segundo te brindará una ilustración sobre los problemas de una gestión lineal o reactiva; estancada en las primeras etapas de lo que te he comentado. En el último, explicaré un repertorio de tres casos que he trabajado científicamente, en compañía de brillantes colegas. Además, dejaré un espacio para conversar sobre el tremendo lío en que te he metido, ampliando las perspectivas sobre lo que está ocurriendo en estos años de crisis de toda nuestra civilización. No temas. Aunque esto hará que veas más problemas que antes, también te ayudará a pensar en las mejores soluciones y conseguir una innovación exitosa.

Finalmente, me gustaría comentarte que este no es mi primer ni último libro. Si te gusta la propuesta, te invito a que sigamos conversando en otros textos, así como en mi blog Historias Singulares (https://historiassingulares.com). Es muy difícil que no nos encontremos en el imaginario del mundo digital. Te esperaré pacientemente.

El autor

1. Pensamiento sistémico... ¿Qué es?

«El aleteo de las alas de una mariposa se puede sentir al otro lado del mundo»
Proverbio chino

¿Recuerdas el viejo consejo de mirar el bosque en lugar del árbol? Siempre se nos dice que es mejor contar con una visión panorámica de las cosas, antes que fijarse en los detalles. Esto se repite mucho en la crianza de los hijos. Así, cuando a tu primogénito se le cae un helado y lamenta que *todo le sale mal*, tú te preguntas si vale la pena satisfacer una necesidad inmediata u ofrecer una lección de vida. Podrías optar por decisiones que pasan por comprarle un helado más grande (no te lo recomiendo), darle alguna compensación inmediata (porque tienes vergüenza pública), reprenderlo (porque es la quinta o sexta vez que se le cae el helado), o tratar de reflexionar con ellos sobre el hecho de que no es el fin del mundo... o de los propios helados (aunque, probablemente, esta conversación sea imposible en ese momento).

Esta situación es parecida a las que nos pasa en la etapa adulta. Piensa en el efecto que te podría causar el fracaso de un proyecto, una crisis de reputación (personal o empresarial), un despido o una multa injustificada. Todas estas experiencias se parecen al helado del niño. Claro, ya tienes más experiencia de vida (y menos gente para culpar); pero también más consecuencias por lo que te pase, y por lo que harás al respecto.

El detalle con ambos ejemplos es que el consejo que te dan está incompleto: piden que veas el bosque; pero hay un árbol que se está incendiando. Entonces, tendrás que conseguir una manguera, una cubeta con agua o algo más focalizado. Caso contrario, otros árboles se empezarán a quemar. ¿Tienes razón en tratar de apagar el árbol? Por supuesto que sí... Pero quienes te recomiendan mirar el bosque entero también la tienen.

Fuente: https://unsplash.com/photos/EZXfS9_o9DA

Cuando un niño se enfrenta a una situación inesperada, con frecuencia habrá emociones que lo concentren del todo en ella. A los adultos nos ocurre algo parecido, aunque con menos drama. Si tenemos un problema, dejamos de prestar atención a otras cosas, para concentrarnos en lamentarlo, acusar a alguien más o tratar de resolverlo.

Me explico:

- Mirar el árbol está bien. Si no apagas el incendio, otro árbol se puede quemar.
- Mirar el bosque también está bien. Te ayudará a adquirir una perspectiva global de las cosas… Incluyendo la posibilidad de que haya algo más después del árbol.

El problema está en que te falta mirar algo: el bosque no solo tiene árboles. También hay animales, flores, agua, tierra y muchas otras cosas que componen el ecosistema. Cada cosa se relaciona con las otras; de manera similar a la sinapsis en las neuronas.

Por lo tanto, si cada vez que hay un problema resuelves el asunto echando agua con una manguera, es posible que apagues el fuego; pero algunas plantas se llenarán de hongos; y los roedores saldrán de su madriguera inundada, para convertirse en presas de los lobos. Súmale la erosión, los deslizamientos, el agotamiento del agua y otras consecuencias a largo plazo... Y si repites esta operación muchas veces, es probable que la lluvia, rayos, depredadores u hormigas te visiten al cabo de un tiempo.

Fuente: https://unsplash.com/photos/_whs7FPfkwQ

Toda decisión humana tiene efectos, como consecuencia de las relaciones discretas que se forman alrededor de ella. Lo que parece ser una buena solución a corto plazo, se puede convertir en una verdadera catástrofe al cabo de un tiempo. Por esa razón, no es raro que casi todos nuestros hábitos actuales atenten contra el planeta.

También me podrías decir que una golondrina no hace un verano. Que hacerte responsable por el bosque solo con una manguera y un poco de agua es forzoso... Pues, te concedo ello: hay muchos agentes que intervienen para que todo esto ocurra. Pero, ¿qué me dices si el día en que te presentaron a alguien que trabajará contigo le saludas de forma displicente o amargada? ¿Te imaginas lo que dirá a su familia sobre su nuevo jefe? ¿Por qué crees que no te tiene verdadera confianza? ¿Por qué elige venir temprano un viernes, a costa de no estar en la clausura del colegio de su hija? ¿Por qué pasa veinte minutos al día viendo convocatorias para buscar otro trabajo? Esto no es una manguera en un bosque; pero estas relaciones discretas entre personas pueden terminar afectando la forma de hacer las cosas en una empresa (sin mencionar las vidas implicadas). Agregar o quitar una pieza en todo ese engranaje pasa por algo más que elaborar manuales de funciones, organigramas o conveniencias. Se trata de decisiones y acciones que -a nivel de un árbol- se pueden traducir en eficiencia, clima laboral, ejecución de tareas, acuerdos y presunciones; pero -al nivel de un bosque- se trata del éxito o fracaso de toda la empresa.

Una vez me convocaron para realizar una consultoría en una escuela de postgrado. El propósito que tenían era desarrollar programas de maestría y doctorado a distancia. La reunión fue amena en todo momento; pero cuando les comencé a explicar los requisitos previos, tales como los procesos de aprendizaje para el equipo docente y administrativo, normativas, recursos y metodologías, se dieron cuenta de que lo que estaban haciendo era como querer ir a la Luna en bicicleta. Pasaron de la idea de virtualizarlo todo a plantear un diplomado; y de un diplomado a un curso piloto. La idea era buena; pero la situación estaba muy lejos de ser viable.

Si bien las organizaciones tienen un modelo jerárquico, *los jefes no están obligados a saberlo todo; pero sí a aprenderlo.* Pueden querer y ordenar muchas cosas; pero *aquello que decidan debe partir de un conocimiento de lo que quieren hacer y (tan importante como lo anterior) cómo debe hacerse.* En la historia que te conté, terminaron muy agradecidos porque les trunqué su proyecto (tal vez me echaron la culpa sobre algo que igual no querían hacer). De igual forma, lo que hoy funciona y es actual, el día de mañana se convertirá en una medida obsoleta. Si antes ibas a una tienda para hacer todas tus compras, hoy probablemente prefieras que te las traiga un motorizado o un *drone*. En la educación, tener salones con 120 alumnos puede solucionar tus problemas de liquidez a corto plazo; pero prácticamente todos los demás indicadores (calidad educativa, personalización, prestigio, aprovechamiento del recurso humano) te apuntarán en negativo. Si nadie te lo dice hoy, ten la seguridad de que mañana te lo gritarán sin que lo pidas. Si tu empresa decide despedir al 50% del personal para que el otro 50% realice su trabajo ahuyentará a los talentos, destruirá familias, enfermará al personal y hará que la competencia se ría de tu pronta desgracia.

Por estas y otras razones, Peter Senge, y un importante número de investigadores, desarrollaron lo que hoy se conoce como pensamiento sistémico. Un tipo de análisis que permite optimizar la gestión a través de las relaciones internas y externas de un determinado organismo, y sus transformaciones a partir de las decisiones tomadas. Una organización que desarrolla el pensamiento sistémico se preocupa por fortalecer la comunicación entre actores (participantes) y agentes (líderes); crear modelos de representación para decidir estrategias; y discriminar las acciones que van en pro de los objetivos finales del sistema (Arnold y Wade,

2015; Clancy, 2018; Kim, 2000; Maani y Cavana, 2007; Senge, 1990).

Fuente: https://unsplash.com/photos/1AWGNukP5p8

Al desarrollar el pensamiento sistémico, estás en posibilidad de considerar no solo una visión unitaria o de conjunto, sino de interrelaciones entre todas las partes. Por ello, las estrategias basadas en este tipo de análisis culminan con resultados mucho más potentes que cualquier visión reduccionista o lineal.

1.1 ¿Y qué es un sistema?

Como te habrás imaginado, hay muchas cosas a las que se les puede llamar *sistema*. He usado este término de forma anticipada, para que vayas intuyendo aquello a lo que me refiero.

Un sistema puede ser una empresa, un centro educativo, un gobierno local o global. También puede ser la organización de un congreso académico, el desarrollo de un programa educativo virtual o la planificación de tu matrimonio. Claro, todo autor tiene una definición y características que nos van a ayudar a plantearlo adecuadamente. Por ejemplo, Moriello nos dice lo siguiente:

> El concepto de sistema es una abstracción que simplifica la realidad, y que remite a un conjunto de elementos o partes que interaccionan dinámicamente entre sí (y con el entorno que lo rodea), que tiene una cierta permanencia dentro del espacio-tiempo y que intenta alcanzar un objetivo concreto. Para describir adecuadamente su comportamiento, es necesario conocer su organización: la

disposición de sus elementos componentes (la parte más espacial-estática-estructural) y las interacciones o relaciones que se establecen entre ellos (la parte más temporal-dinámica-funcional) (2005, p.122)

Esta definición es parecida a lo que hemos conversado. Si bien el sistema con el que trabajas está definido por el mundo de lo simbólico (las ideas y medios de expresión), siempre debes observar (de forma muy concreta) cuáles son sus objetivos, elementos, jerarquías y relaciones. Es decir, la forma en que se constituye y modifica a sí mismo.

Para aterrizar un poco más la idea, autores como Schoderbek y Kefalas (1985), señalan que todo sistema debe tener estas características:

a) Interrelación (a partir de la observación de los elementos individuales)

b) Totalidad (al considerar dichas interrelaciones como parte de un todo)
c) Búsqueda de objetivos (en el que todos los elementos y acciones deben participar)
d) Insumos y productos
e) Transformación (de *inputs* a *outputs*)
f) Entropía (desorden)
g) Regulación
h) Jerarquía
i) Diferenciación
j) Equifinalidad (diferentes caminos para cumplir los objetivos)

¿Puedes recurrir al pensamiento sistémico para ayudarte a resolver toda esta complejidad? La respuesta es sí. Puedes, y *el primer paso es que pases del nivel de complejidad que ves en este momento a uno mayor*. No, no estoy bromeando (y tampoco te quiero asustar). Si bien existen procesos que pueden abstraerse y delimitarse, hay cosas que no puedes pasar por alto. Para decírtelo de otra forma, si no alcanzas a ver una mayor complejidad, será como querer curar una infección bajando la fiebre. Puedes estabilizar la temperatura; pero la infección seguirá ahí, y va a provocar otra fiebre y cosas peores.

Por otra parte, si diriges una organización, te conviene que más de uno sepa curar una crisis... Y no solo hablo de los directivos. Por ejemplo, ¿qué pasa si, en un centro educativo, los estudiantes tienen un límite de faltas para rendir su examen final? Pues, simplemente debería anticiparse a lo que podría ocurrir. En ese límite de faltas se debe declarar si se enferma, tiene una emergencia o cosas por el estilo. Hasta allí todo bien. Ahora, supongamos que, casi al final del periodo académico (y con una hora para pasar ese límite), el estudiante se enferma de varicela. El reglamento dice que debe asistir (y técnicamente sí puede, una vez que su enfermedad esté controlada); pero, a menos que toda la población haya tenido esa enfermedad en una edad temprana, el hecho de que venga te va a colocar la varicela en un tercio de ese salón, sus familias y muchas otras personas.

¿Quién tuvo la culpa? ¿El estudiante? ¿La persona que dijo que venga de todas formas? (después de todo, esa fue la indicación que recibió) ¿La norma? Recuerda que hay un momento para acatar y otro para usar tu criterio, de acuerdo con un adecuado desarrollo moral (Piaget, 2012; Valentim et al., 2023). Y si tú no estás allí para ofrecerlo, tendrás que transmitirselo o empoderar a quien conteste el teléfono, atienda en recepción o desarrolle una acción determinada. Si bien hay personas inteligentes en todas partes, no siempre quien dirige o toma las decisiones está con ánimos de que otros tomen iniciativas. Y si tú eres así, ya sabes quién sería responsable.

Desde hace tiempo (y de forma recurrente) me encuentro con publicaciones que recuerdan que lo legal no siempre fue lo mejor. La esclavitud, el voto exclusivamente masculino, el arte condicionado al gobierno de turno, entre otros, son una muestra de que el tiempo nos cambia. Hoy en día, ninguna persona medianamente inteligente puede cuestionar (públicamente) la igualdad de derechos, el concepto de ciudadano soberano o la libertad temática en el arte…(recuerda, sobre esto último que dije *medianamente inteligente*). Sin embargo, el asunto era muy diferente décadas atrás. De igual forma, la justicia se encuentra en debate permanente entre las leyes y sus intérpretes. Lo que hoy se resuelve de una forma, mañana lo hará de una manera completamente distinta. Debemos entender que esos cambios ocurrirán más allá de nuestra voluntad.

Para decirlo en pocas palabras, los sistemas son construcciones más o menos definidas, con elementos, relaciones, objetivos y transformaciones; cuyos cambios deben observarse a través del tiempo y en relación a lo que ocurre en el exterior. El pensamiento sistémico permite analizar el funcionamiento del sistema a través de estrategias que permiten anticipar cierto nivel de resultados. Cualquier organización o gobierno debe estar en capacidad de responder a estos procesos, de forma que se pueda cumplir con los objetivos, y prolongar la vida del propio organismo. Por ello, no es bueno confiar solamente en las felicitaciones o las reprimendas del día. ¿Has visto que muchas organizaciones juegan a apagar incendios (que ellas mismas provocaron)? De hecho, lo que hoy llamamos competitividad no es otra cosa que una trampa en la que el "mejor" líder es el que tiene su manguera lista para apagar un árbol, el cual tiene la sospechosa costumbre de encenderse cada cierto tiempo.

Antes de pasar a comentarte sobre cómo aplicar el pensamiento sistémico, considero importante que podamos exorcizar algunas posturas que no corresponden con el mismo. Aunque tengas ideas claras al respecto, igual te recomiendo el siguiente capítulo. Te servirá para no olvidar lo que siempre ha ocurrido (y ocurrirá) en las organizaciones.

Fuente: https://www.piqsels.com/es/public-domain-photo-zpfxp

Muchas organizaciones se dedican a resolver problemas, dejando de lado sus verdaderos objetivos. Esto, en el fondo, provoca un desgaste de los recursos materiales y humanos.

2. ¿Y qué no es pensamiento sistémico?

> *"Si pudieras patear en el trasero a la persona responsable de la mayoría de tus problemas, no podrías sentarte en un mes".*
>
> Theodore Roosevelt

2.1 Decidir sin conocimientos

Cuando tienes un préstamo en el banco y otro desea comprarte la deuda a una menor tasa, es probable que el primero trate de retenerte con una mejor oferta. Por supuesto, esto no ocurrirá nunca si simplemente les tocas la puerta a tus acreedores y les dices que quieres pagar menos. Es parte de las reglas de juego que las instituciones financieras tienen para mantener a sus clientes.

Si la empresa no te presta dinero, sino que te vende servicios, el asunto es diferente. Imagínate que tienes un operador de telecomunicaciones que te ha cobrado lo mismo durante cinco años, por cien canales de televisión y una conexión estándar de Internet. Sin embargo, cuando miras lo que te ofrecen los demás al día de hoy, te das cuenta de que tu pago es equivalente a doscientos canales y una conexión mucho más rápida. Y si decides avisar a tu empresa de que te quieres cambiar o que te den de baja en el servicio, harán lo mismo que el banco: te actualizarán o mejorarán la oferta. La diferencia está en que el dinero otorgado una sola vez, a través de un préstamo, es muy diferente al servicio que recibes diariamente, que te ocupa tiempo (minutos u horas), y que refleja el interés o preocupación (más monetario que categórico) que esta empresa tiene para con sus clientes. Si bien puede ser una decisión inteligente aceptar la oferta de retención (que podría ser mejor que la de la competencia), también es probable que te quieras ir para siempre.

Este es un ejemplo que se ve a diario. Al ofrecer dinero, lo que se otorga es la posibilidad de hacer cosas con este. Un servicio, en cambio, es básicamente una experiencia. Si es positiva, vas a querer un poco más; si es negativa, te alejas y (con un poco de tiempo) lo comentas en las redes.

Para pensar sistémicamente, debes evitar las decisiones basadas solo en tus experiencias pasadas. Y si pasaste de trabajar en un banco a una empresa de servicios, este ejemplo calza bien. Cuando tomas la medida de un rubro y la trasladas a otro, tus resultados podrían ser muy buenos al inicio, mediocres a corto plazo y desgastantes (o trágicos) al final. Por eso es que las empresas requieren de información como la que brinda un estudio de mercado. Y aun con eso, la gente no siempre te dirá todo. No podrás complacerla plenamente, o se dará cuenta de que, en realidad, quería algo distinto.

Por eso, el hecho de que algo haya funcionado en una situación puede ser una alternativa, siempre y cuando engarce (con sus adaptaciones) en el sistema en el que te encuentras ahora. *Además de contar con objetivos claros, necesitas conocer sus elementos, relaciones y procesos, dentro de los límites del propio sistema.* Si está en tus manos tomar las decisiones y no consideraste ello, tendrás que pensar en remedios y panaceas. Si pudiste arriesgarte a comprender la naturaleza del nuevo entorno, tendrás un trabajo extra en explicárselo a tus compañeros. Sin embargo, te lo agradecerán cuando sepan que tuviste la razón para evitar una crisis o te lo agradecerás a ti cuando sepas que apagaste el incendio de una forma completamente distinta.

2.2 Repetir las mismas acciones en un entorno cambiante

¿Te has dado cuenta de que la mayoría de las empresas que, hoy en día, son importantes tuvieron inicios discretos? ¿Y qué pasó con los grandes negocios del siglo pasado? ¿Has encontrado un sitio para alquilar películas? ¿Has podido encontrar máquinas de escribir nuevas? ¿Qué tal las cámaras fotográficas de rollo? ¿Es un negocio rentable vender cámaras fotográficas con las prestaciones de los celulares de hoy en día?

Los ejemplos que te doy no son extraños. Si bien tus hábitos han cambiado enormemente desde hace quince años, hoy podemos hacer lo mismo con lo que ocurre en sólo dos. Dicho de otro modo, puede que haya gente que compre mapas por razones sentimentales; pero la principal razón será porque no tiene datos en su teléfono móvil. Los hábitos, costumbres y acciones de los demás se encuentran más allá del sistema que administras; pero igual lo van a afectar profundamente.

Mi esposa tenía la costumbre de llevar a sus padres al mismo *chifa* (nombre que tiene un restaurante de comida oriental en el Perú) en cumpleaños y algunos fines de semana. Era una zona populosa y alegre, por lo que se quedaban dos a tres horas, con sobremesa y postres incluidos. Sin embargo, un día se animaron a recorrer el Barrio Chino (el sitio de *chifas* más competitivo de la ciudad). Fueron a comer unas cinco veces, alternando chifas, con un placer que combinaba lo gustativo, lo auditivo y lo visual. Así que, cuando la curiosidad los llevó al viejo restaurante de años pasados, ninguno pudo terminar su plato. Casi entran a la cocina, para preguntar si habían cambiado de cocinero. Pero no era eso. La costumbre (y el paladar) les había cambiado por completo.

Si administras un colegio, y te das cuenta de que tus matrículas no son lo que fueron en años pasados, no solo se trata de mirar hacia dentro para buscar culpables: mira hacia afuera y compara las nuevas ofertas que están apareciendo. ¿Más barato? ¿Más fácil? ¿Más prestaciones? ¿Mejor atención? ¿Más cerca? Primero, conoce las razones de preferencia, y luego considera que las acciones que tomes en tu propio centro educativo no chocan con tus objetivos o posibilidades.

Por ejemplo, si quieres entrar en una guerra de precios, mira qué tanto puedes pelear con tu competencia… Y si no puedes hacerlo, ubícate como un servicio de mejor gama, o favorece a los estudiantes que tengan mejor rendimiento… Eso sí hablará bien de ti.

Si, por el contrario, crees que una buena opción es hacerte más fácil, considera tu reputación. ¿Te gustaría recibir estudiantes solo porque tienen pulso, capacidad adquisitiva y/o porque fueron rechazados en otra institución? ¿Qué vas a hacer cuando egresen? ¿Confiarías en ese postulante a la universidad? Y si se trata de una carrera universitaria, ¿confiarías en ese cirujano que aprobó porque sí? ¿Contratarías a ese abogado para que te defienda? ¿Le pedirías a ese ingeniero para que desarrolle tus aplicaciones? No me respondas... Respóndete a ti.

Si tienes un valor diferencial, puedes fortalecerlo para mostrar que tienes más cosas para dar: buenos docentes, premios, distinciones, exclusividad y todo lo que honestamente te haga sobresalir.

Ahora, si actúas antes de que estalle el problema, probablemente tu felicidad (y la de tu equipo) será mayor... O, por lo menos, más estable. Si se trata de actuar de forma reactiva a los acontecimientos, no solo gastarán más energía y recursos de los que tienen: tendrán que luchar contra una severa desventaja... Y mucha incertidumbre.

2.3 Perder los objetivos a largo plazo

Si te sonó muy abstracta la idea de desgaste (después de todo, todo el mundo tiene que estar ocupado en algo), piensa en este ejemplo. Un ejecutivo de riesgos de un importante banco estadounidense descubrió anticipadamente la crisis del 2008; pero fue despedido antes de que termine de procesar la información. ¿Falta grave? No. ¿Conflicto de intereses? Tampoco. Sencillamente, tenían que reducir costos... Y alguien que no sabía de riesgos en el mundo financiero pensó que ese puesto estaba sobrando.

El ejemplo que te cuento ocurre en todas partes. No es porque me encariñe con la gente que invierte años en una empresa, para ser despedida antes de que termine de pagar su casa (todavía le faltaban varios años al pobre)... Pero sí te digo que este es un síntoma del tremendo problema de liderazgo que hay en el mundo: si se define en una cifra y se olvidan las otras, todo el edificio se terminará de caer. Si haces un agujero en un barco, no importa en qué cabina duermas: igual terminarás por hundirte.

Por eso, no te preguntaré si quieres obtener rentabilidad en tu empresa. Te haré preguntas más pertinentes (y que deberíamos escuchar más a menudo):

- ¿Por cuánto tiempo deseas ganar? ¿Una semana? ¿Un año? ¿Diez años?
- ¿Bajo qué costo?
- ¿Solo para ti? ¿Para ti y tu equipo? ¿Para ti, tu equipo y toda tu comunidad?
- ¿Con qué impacto (ambiental, social, económico)?
- ¿Con qué impacto en tu propia salud (física, mental, espiritual)?

Aunque no existe, necesariamente, una relación entre la ética y la rentabilidad, sí es cierto que esta permite desarrollar relaciones de confianza dentro de una organización. La transparencia y el flujo de información permiten viabilizar los propósitos específicos... Se incluye, dentro de este paquete, la sostenibilidad, el prestigio y (evidentemente) las utilidades.

Fuente: https://unsplash.com/photos/Osd4ngHD4kM

La guerra es uno de los negocios más rentables del mundo. Se puede utilizar en distintas direcciones, abriendo paso a la venta de armas, el espionaje y la explotación de recursos. Sin embargo, también es uno de los más crueles: destruyen vidas, producen daños materiales y abren heridas a muchas generaciones. Con todo, hay gente que se consuela con sus utilidades. En otros rubros, lamentablemente, también hay un impacto negativo en las personas.

Un ejemplo muy simple de esto es el esquema que ocurre en la mayoría de los centros educativos. Lo que fue una especie de prestigio basado en la exigencia (Figura 1), pasó a modificar su esquema en una relación casi unilateral con el dinero (Figura 2). Posteriormente, la rentabilidad se convirtió en algo tan importante, que se recurrió a medidas como la disminución de la exigencia, y (consecuentemente) del prestigio y la propia rentabilidad (Figura 3). Finalmente, con la intervención de los gobiernos, se asumió que el prestigio se debe basar no en la exigencia, sino en la necesidad de capacitar a los docentes; provocando correcciones, desgaste y más correcciones (Figura 4). Por supuesto, dada la compleja realidad en que vivimos, podría decirte (sin miedo a equivocarme) que esos cuatro modelos todavía pueden verse en distintos centros educativos; con mayor o menor grado de incidencia.

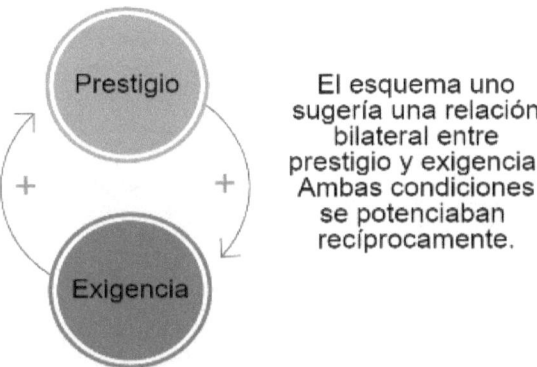

Figura 1. Relación entre prestigio y exigencia

Figura 2. Relación entre prestigio y dinero

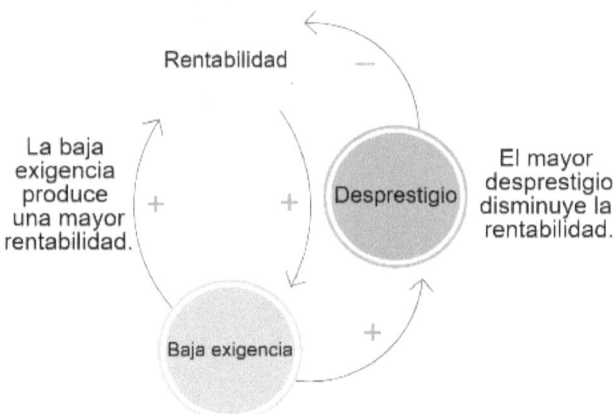

Figura 3. Relación entre baja exigencia, desprestigio y disminución de la rentabilidad

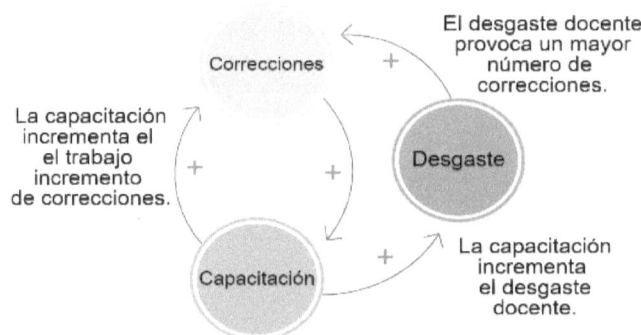

Figura 4. Relación entre capacitación, desgaste y correcciones

Lo que te muestro en las figuras 3 y 4 corresponde al arquetipo *Fixes-That-Fail* ("arreglos que fallan"), proveniente de la literatura sobre pensamiento sistémico (Moore y Kearsley, 2012; Senge, 1990). En este modelo, se pretende resolver un problema o mejorar una situación mediante medidas asociadas con el síntoma, pero no con el origen del propio problema (la fiebre, en lugar de la infección) (Clancy, 2018). Consecuentemente, no solo reaparecerá el problema, sino que generará efectos secundarios negativos, como el desprestigio y el desgaste del cuerpo docente.

¿Qué te parece esta forma de representación? ¿Útil? Si es así, seguramente tendremos mucho de qué hablar más adelante, sobre los arquetipos que armes. Siempre debes partir de los conocimientos que hemos visto (cuál es el sistema al que haces referencia, cuáles son sus objetivos, qué partes y agentes participan, cómo son las relaciones entre ellos, etc.). Lo demás es para reflexionar y discutir… Y hablando de discutir, eso también es necesario.

2.4 Actuar en solitario

Cuando YouTube salió de la visión de unos amigos que trabajaban en PayPal, en el lejano 2005, no se imaginaron que podrían vender su página por un valor de 1650 millones de dólares (monto que Google sacó de su billetera para comprarlo un año después), o que se podría convertirse en la página más visitada de todo Internet (Jaimovich, 2018). ¿Razones? Para empezar, *todos tenían una idea de lo que querían hacer*. A ese punto de partida se agregó la concepción particular de *cómo podría ser*. La discusión y la escucha determinaron que esta idea (y no la de la competencia) se convirtiese en un éxito mundial.

Probablemente, fue esa amplia gama de necesidades por cubrir lo que hizo que el diseño fuese flexible y efectivo. Uno dijo que era para publicar videos de una fiesta; el otro sugirió que la gente podría usarlo para presentar videos personales. De hecho, lo que, en un principio, parecía una versión de videos de gente cayendo en una piscina, recibiendo un pelotazo en la cara o tropezando, pasó por distintas tendencias: videos graciosos de gatos y perros, musicales caseros, reseñas de libros, discusiones sobre cultura popular, debates en línea y toda clase de eventos en los que la humanidad dilapida su tiempo de ocio. De un concepto simple, pero abierto, terminaron recreando ideas que se reproducen 1000 millones de veces al día, solo contando el uso de dispositivos móviles (Smith, 2019).

En un sistema abierto (que entra en diálogo con el exterior), las iniciativas individuales únicamente funcionan cuando cuentan con la participación de actores y agentes que mantienen un contacto con las necesidades y objetivos que se pretende satisfacer. Por eso, no es extraño que, entre las principales causas de fracaso de una nueva empresa, estén el acaparamiento de la información y la toma de decisiones por parte de un solo individuo (Ladagga, 2016). La migración de Facebook a Meta es un ejemplo rotundo de ello.

Recuperado de:

https://unsplash.com/photos/fNUNt9w3m-Q

Una idea brillante tiene la capacidad para revolucionar un rubro. Sin embargo, para que la gente pueda distinguirla, es necesario contar con un equipo que aporte con algo más que trabajo operativo: se requiere de ideas que superen la fuerza de la tradición, que optimicen los resultados y que dispongan planes de contingencia.

Si me quieres regañar, señalando que solo sale mi nombre como autor de este libro, te puedo decir que prácticamente todo lo que sé viene de otros. Y si tengo algún mérito sobre todo esto, te puedo mencionar mi capacidad de escucha, analizar el exterior como si me ganase la vida con eso y discutir proyectos con otros. Aunque Sócrates pueda estar pasado de moda, su mayéutica continúa siendo una de las mejores formas de aprendizaje.

Si tienes claro en que tú tomas las decisiones, no olvides escuchar; si otros las toman, cumple con lo que te pidan, pero trata de advertirles que poner un tenedor mojado en un enchufe puede ser una mala idea. En el fondo (y probablemente muy tarde) es posible que te lo agradezcan.

De todas estas reflexiones sobre lo que no es pensamiento sistémico (tomar decisiones sin un conocimiento previo, repetir acciones, obviar los objetivos y actuar en solitario), te podría parecer que no he mencionado muchas novedades. Sin embargo, notarás que faltan algunas páginas para culminar el libro. De hecho, lo que hemos conversado en las dos primeras partes son, respectivamente, una iniciación en nuestro objetivo y una conjura de lo que debes evitar. Ahora vengo con lo que realmente me gustaría compartirte. Empezaremos con calma, y luego presionaremos el acelerador. Ya tienes prácticamente todo lo que necesitas para empezar de verdad.

3. Hora de compartirte algunas experiencias

"El único hombre que se equivoca es el que nunca hace nada"
Goethe

Te voy a confesar algo: casi siempre estoy dudando de lo que hago (no te miento). Imagino escenarios de triunfo y fracaso que no podrían representarse en el cine o la televisión. Por eso, escribir no solo es terapéutico, sino también esclarecedor. Al mismo tiempo que aplaca mi imaginación, me ayuda a ordenar una buena parte de la vasta información que recibo.

Con el pensamiento sistémico ocurrió algo similar a la escritura. El lado útil de mi imaginación necesitaba herramientas, asidero científico y recursos para explicar numerosas posibilidades sobre lo real; pero con menos sobresalto (y extrañeza) que en un lenguaje llano. Ya te cuento.

3.1 Primer caso: lectura previa y Educación a Distancia (EaD)

Mi primera experiencia con este campo fue la lectura de un libro sobre la Teoría General de Sistemas (TGS) (Vázquez-Cano, 2012), cuya propuesta era que las Tecnologías de la Información y de la Comunicación (TIC) deberían intervenir como un agente neguentrópico (generador de orden) en la gestión educativa. ¿Cómo así? Pues, brindando la posibilidad de que la información llegue de forma transparente y fluida, provocando que las personas se sientan parte de un mismo organismo. Y durante muchos años, me he fijado en que casi todos los problemas de una organización (y de, prácticamente, todas las facetas de la vida) parten del desconocimiento y ocultamiento de información.

Luego de unos años, una brillante amiga hizo sonar el término *pensamiento sistémico*, para un artículo sobre la EaD que estábamos por escribir.

La fórmula era intrigante, pues me presentó el funcionamiento de arquetipos, como *Fixes-That-Fail*, que te presenté en el capítulo anterior. Sin embargo, había una importante dificultad: nuestra formación en letras y ciencias sociales era buena; pero requería el acervo de gestión propiamente dicho. Por eso, invitamos a un talentoso colega que complementó nuestras visiones con su formación y praxis. Y ya con todos esos ingredientes, pudimos crear un artículo original sobre la EaD, distinto al espectro de metodologías didácticas (casi toda la literatura sobre este tema gira en torno a ellas), y avalado por una revista científica de impacto (Marino-Jiménez et al., 2020a).

La experiencia de realizar este trabajo abarcó todas las partes que ya te había comentado: estudiar el fenómeno a fondo (tanto en lo operativo, como en la propia literatura), identificar a los actores (participantes) y agentes (líderes) involucrados en un proceso de formalización de la EaD, analizar las relaciones entre todos los elementos y determinar la forma en que se busca cumplir los objetivos.

Como te comenté anteriormente, un centro educativo de posgrado me pidió realizar una consultoría sobre EaD. Mi opinión, que más parecía un conjunto de advertencias, la he repetido en varias organizaciones que parten del mismo problema: desean innovar; pero les falta el conocimiento para hacerlo adecuadamente. Es como ir a un restaurante muy bueno, con un piano en medio del salón y querer armar un negocio idéntico. Cuando quieren seguir su ejemplo, terminan gastando más en el piano que en el sabor o calidad de la comida. Si tu sistema es la gestión de un restaurante, la calidad de lo que sirves es tu objetivo principal. Ahora, si lo que deseas es cobrar más allá de la medida de tus gastos (lo cual incluye un piano y el sueldo de quien lo toque) debes construir un capital simbólico suficientemente sólido como para que la gente pague lo que desees, conociendo y manteniendo un buen sabor en la limonada, las pastas y la carne. Para bien o para mal, mientras haya gente que esté dispuesta a pagarlo, siempre existirá la posibilidad de cobrar precios altos (Verdú, 2006).

Si lo ves desde la EaD, imagínate desarrollar un modelo de trabajo sin haber sido estudiante en dicha modalidad, y sin conocer las bases teóricas de la misma. Es como preparar una carta gourmet habiendo comido fideos con atún toda la vida. No importa qué tanta experiencia tengas en administrar otras cosas: mientras más personas participen (ofreciendo o recibiendo el servicio) el asunto será mucho más complejo.

Fuente: https://unsplash.com/photos/VMKBFR6r_jg

Toda transformación (especialmente en organizaciones de personas que tratan con personas) implica incertidumbre, preocupación y sorpresas. Si ofreces buenas respuestas, pondrás un ingrediente importante para que el proyecto florezca.

Cuando revisamos la literatura sobre la EaD, encontramos una alta coincidencia en los siguientes temas de investigación:

- Compromiso y conocimiento del docente, respecto de la propuesta educativa de educación a distancia (Arancibia, 2018;

Bañuls, 2018; Joo y Park, 2018; Lores y Sánchez, 2018).

- Vigencia, relevancia y aplicabilidad de los contenidos (Amorós, 2018; Baltodano y Quesada, 2018; Baridon-Chauve y González Cabrera, 2018; Magen-Nagar y Shonfeld, 2018; Tydaly y Pérez, 2018; Yudes-Gómez, 2018).
- Confluencia de estrategias y métodos educativos (Jesson, Mc Naughton, Wilson, Zhu y Cocke, 2018; Rufo, 2018; Rusman, Tenier y Specht, 2018; Yang y Quadir, 2018).
- Producción estudiantil en línea, como consecuencia del aprendizaje (Chang, Chou y Liang, 2018; Osuna-Acedo, Marta-Lazo y Frau Meigs, 2018; Yeh, 2018).

Como puedes ver, los principales intereses en todas estas investigaciones centran su atención en qué y cómo enseñar. Resulta lógico: los que investigan sobre EaD son profesores de universidad. Y aquí teníamos dos opciones: quedarnos con el estado de la cuestión (un análisis crítico de lo que ofrecían estas referencias) o cruzar el puente hacia el pensamiento sistémico. Moore y Kearsley (2012), autores que habían coincidido con nuestra inspiración, plantaron la semilla de los *inputs* (Tabla 1) y *outputs* (Tabla 2) en la EaD. Ellos nos orientaron sobre la línea de procesos en un sistema como este. Curiosa, evidente o milagrosamente, había compatibilidad entre los focos de atención de las investigaciones sobre este tema y la propuesta que nos ofrecieron ambos autores.

Tabla 1. *Inputs* de un sistema de EAD

Dimensiones	*Inputs*

Características y acciones de los actores	- Características de los estudiantes, incluyendo su preparación para estudiar a distancia
	- Experiencia del docente en educación a distancia
	- Comprensión del área administrativa sobre la educación a distancia
	- Calidad del diseño de las asignaturas
	- Calidad de la producción de las asignaturas
Inversión, decisiones y control de recursos	- Costo del diseño y producción de asignaturas
	- Tecnología escogida para las asignaturas
	- Acceso a servicios de soporte
	- Frecuencia y calidad de la evaluación de la información
	- Inversión financiera

Adaptado de Moore y Kearsley (2012). Traducción: propia

Nota: La primera dimensión de los inputs (características y acciones de los actores) coincide con la literatura revisada sobre la EaD.

Tabla 2. *Outputs* de un sistema de EaD

Dimensiones	***Outputs***
Logros de aprendizaje	- Satisfacción estudiantil
	- Puntajes obtenidos por los estudiantes
	- Tasa de finalización del programa académico
Gestión y calidad educativa	- Matrículas totales
	- Evaluaciones de calidad
	- Resultados de la acreditación
	- Matrícula y generación de utilidades
Reputación	- Reputación y rotación del personal

Adaptado de Moore y Kearsey (2012). Traducción: propia

Nota: La primera dimensión de los outputs (logros de aprendizaje) corresponde a las cosas que los estudiantes desarrollan en un sistema de EaD.

Las *características y acciones de los actores* (primera dimensión de los *inputs*) iban con el *compromiso y conocimiento docente, la confluencia de estrategias* y el trinomio conformado por la *vigencia, relevancia y aplicabilidad de los contenidos* (literatura revisada). Por otra parte, los l*ogros de aprendizaje* (primera dimensión de los *outputs*) engarzaban con la *producción estudiantil en línea* (literatura revisada).

La segunda dimensión de los *inputs* (dedicada a la *decisiones, inversión y control de recursos*), así como la segunda y tercera dimensión de los *outputs* (vinculadas a la gestión, *calidad educativa* y *reputación*), se encontraban en el campo conformado por el ámbito administrativo y comercial. Estos, sin encontrarse inmersos en los procesos de enseñanza y aprendizaje, sí importaban mucho para el sostenimiento de todo el sistema; y tenían una importante relación para que sea viable. Un buen uso de recursos dispone un mejor aprendizaje; y un buen aprendizaje mejora la reputación y el incremento de matrículas.

Si las áreas encargadas trabajaban bajo este principio, podrían mantener el sistema. Si lo desconocían, pecarían de intrusión o usurpación de funciones. Dicho de otro modo, si todos los recursos se dedicaban al aprendizaje, el centro educativo acabaría en una burbuja utópica e insostenible; si, por el contrario, se viraba a la masificación y la captación indiscriminada de matriculados, los bajos resultados de aprendizaje y la poca preparación de los egresados generarían una baja reputación y un eventual colapso.

Un sistema complejo requería de una versión equilibrada de sí mismo. Así como ocurre en la pirámide alimenticia, un organismo vive de una diversidad controlada de cosas. Al faltar las demás, todo el conjunto se acabaría enfermando.

Fuente: https://unsplash.com/photos/CP9GGy_LkIY

La frase "ricos como cerdos gruñones", escuchada y recogida por Lowney (2004) durante su estadía en el mundo empresarial, puede ser reinterpretada como la crisis de un sistema que se alimenta únicamente de ciertos tipos de elementos. Y así como ocurre con un organismo desequilibrado, el resultado deriva en enfermedades y una vida muy corta.

Para continuar el trabajo de Moore y Kearsley, nos propusimos dar el siguiente paso hacia los arquetipos. Y aunque no tuvimos ninguna institución como referencia, nos imaginamos qué hubiese pasado si esta escuela de postgrado que me pidió ayuda hubiese persistido en su propósito de armar sus programas de EaD. Pues, seguramente habrían cambiado a su consultor pesimista por uno que prometiese resultados inmediatos. Por supuesto, para hacerlo creíble, sugeriría la inversión en recursos informáticos y la contratación de algunos expertos. Sin embargo, se olvidaron de un punto importante: si solo se deja al azar a unos cuantos externos (sin el concurso del área administrativa en cuanto a una normativa y procesos claros, o al cuerpo docente sin saber dónde apuntar) y se espera que todo funcione bien, más que logros, se obtendrían correcciones (si me leíste desde el principio, ya sabes a quiénes le echarían la culpa) y un triste desengaño.

Este arquetipo se denomina *Limits-To-Growth* (*Límites-de-Crecimiento*). Una forma de representación de los problemas causados por la creencia de que una importante inversión puede solucionar procesos en un sistema mediado por seres humanos. Cuando se trata de la EaD, el resultado de esta inyección monetaria aparece con equipos y sistemas informáticos; pero sin una sensibilización o conocimientos previos sobre qué o cómo se trabajará con ellos. Y aunque siempre existen formas de justificar todos esos trastes, lo más probable es que casi nadie quiera usarlos... Y aunque se llegasen a emplear, el inicio de esta relación se dará con mucha desconfianza (véase Figura 5).

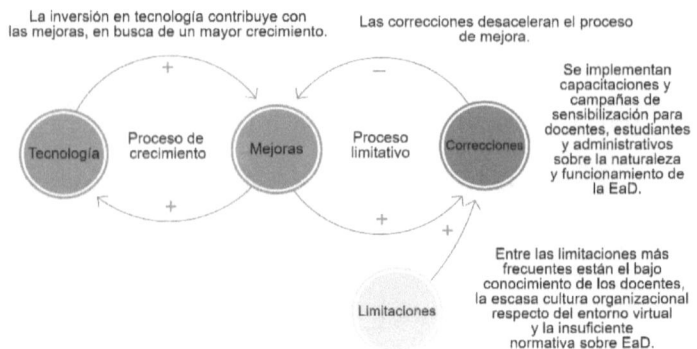

Figura 5. *Limits-to-Growth (Límites de crecimiento)*
en el pensamiento sistémico
Fuente: Marino-Jiménez et al., 2020

El otro problema, representado por *Limits-to-Growth*, es el hecho de que la inversión en sí misma supone la promesa de un crecimiento superior al que realmente se va a conseguir. Y aunque muchas empresas de éxito han demostrado que menos horas de trabajo suponen un mejor desempeño, lo que probablemente ocurra es que las áreas encargadas tengan que sufrir una mayor presión. He sabido que una institución que obligó a sus profesores (conocedores o no de la EaD) a cursar 32 capacitaciones virtuales, para garantizar su sabiduría digital. ¿El resultado? Todos se iban directamente a los exámenes finales, pues tenían intentos ilimitados. Te imaginarás la falta de correlación entre sus notas y su aprendizaje. ¿Esta medida solucionó en algo el nivel de conocimiento de los docentes? Dejo la respuesta a tu imaginación.

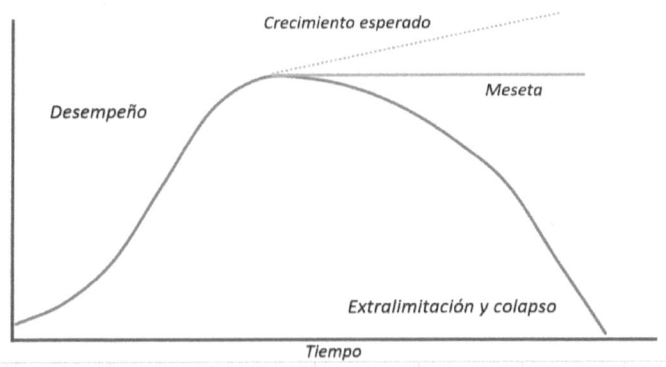

Figura 6. Representación de *Limits-To-Growth* en el tiempo

Fuente: Moore y Kearsey (2012)

¿Soluciones? Felizmente sí. Cuando hay un sistema complejo, que parte de la intervención humana, lo mejor es empezar por ese ámbito. Si se invierte en conocimiento de los agentes y actores (primera dimensión de los *inputs*) antes que en equipos, las mejoras se harían mucho más evidentes, y se retroalimentarían mejor con quienes participan de ellas. Por otra parte, al manejar un conocimiento compartido, también sería mucho más fácil gestionar la calidad del diseño, evaluar los resultados de aprendizaje y disfrutar los beneficios que suponen una buena reputación (segunda dimensión de los *outputs*) y nuevas matrículas (tercera dimensión de los *outputs*) (véase Figura 7).

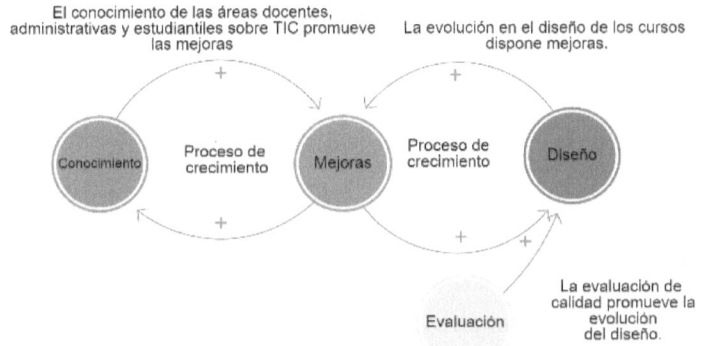

Figura 7. Corrección de *Fixes-That-Fail* en la EaD

Fuente: Marino-Jiménez et al., 2020a

Como has podido observar, no hay atajos en este tipo de procesos. Además, de comprender el funcionamiento del sistema en el que te desempeñas (nosotros lo hicimos con los estudios previos sobre el tema, la propia teoría del pensamiento sistémico y un análisis en el que se aplicó eficientemente la identificación de *inputs* y *outputs*), debes suponer que los demás también son capaces de verlo, si cuentan con herramientas y explicaciones adecuadas. Cuanto más complejo se vuelva el sistema, mayor conciencia deben tener las partes involucradas sobre lo que está pasando. Si la gente sabe por dónde caminar, podría llegar más lejos. Si no lo sabe, se tendrá que limpiar el polvo varias veces... o tomar otro camino.

3.2 Segundo caso: educación y medios audiovisuales (MA)

Como has visto, invertir en recursos cuando no se tiene conocimientos sobre cómo van a ser utilizados es como comprar una nave espacial sin saber quién la va a manejar o cómo hacer para que funcione. Y si no vas a ir al espacio todos los días, también existen fechas en los programas espaciales ya establecidos. Todo es cuestión de conversar.

Algo parecido a la experiencia que te he contado sobre la EaD me ocurrió al compartir una inquietud en común con dos talentosos investigadores -especialistas en comunicaciones e informática, respectivamente- al indagar sobre el uso de MA en la educación. Si bien la preferencia de los alumnos por el uso de estos es notoria, te sorprendería el número de variables que entran en juego para que todo funcione. No solo se trata de ofrecer formas de representación más atractivas, sino también las características del lenguaje audiovisual, los hábitos y cantidad de consumo de distintos grupos de personas y el propósito de que los propios alumnos sean capaces de producir videos, como lo hacen con los textos escritos.

El resultado de esta inquietud nos llevó a un campo de acción parecido al del trabajo anterior. Teníamos que desarrollar conocimientos consistentes con el tema de estudio; identificar *inputs* y *outputs*; y representar las relaciones que aparecen cuando se introduce el uso de MA en la educación. El resultado culminó en un segundo artículo sobre pensamiento sistémico (Marino-Jiménez et al., 2020b).

La tarea era más interesante de lo que parecía. Los hábitos de producción y consumo se habían diversificado y ampliado de forma absolutamente radical en los últimos años, con canales, códigos y estilos altamente diversos. A los 1000 millones de reproducciones diarias en YouTube, que ya te había comentado (Smith, 2019), se puede agregar un interés local sin precedentes. Ejemplos de ello son el incremento en 425% de proyectos cinematográficos que participan en concursos nacionales (Vandoorne, 2018); los 60 videos que una empresa activa produce diariamente en Instagram; y la estrategia empresarial de crear comunidades sociales alrededor de las producciones audiovisuales (Camacho y Segarra, 2019).

Fuente: https://unsplash.com/photos/qJgW5ewKCO8

La producción de videos es cada vez mayor. Si bien no todo el mundo cuenta con una cámara profesional, editar y transformar contenidos es una práctica cada vez más común. Sin embargo, esto tiene una debilidad: no todos los videos son de calidad o interés para las personas.

Para lograr que los alumnos cuenten con suficientes productos, aprecien lo que se les ofrecía y sean capaces de producir, nos encontramos con las siguientes interrogantes:

a) ¿Cuáles son las características de una buena producción audiovisual en el ámbito educativo?
b) ¿Cuáles son los procedimientos para lograr esto?
c) ¿Cuáles son las consideraciones para una buena gestión?

Sumamos a esto el hecho de que los MA en la educación contaban con un presupuesto mucho menor que el de una empresa especializada en contenidos. El trabajo de optimización de recursos era necesario.

Fuente: https://unsplash.com/photos/qWBoBpeOxjo

Se puede hacer un buen video con un equipo sencillo. Sin embargo, quien lo use debe tener conocimientos sobre la manera de hacerlo.

La primera interrogante, sobre las características de una producción audiovisual en el ámbito educativo, tenía que ser respondida a través de su literatura. Aquí logramos precisar los siguientes factores, como resultados de buenas prácticas:

- Calidad, entendida como integridad sensorial del contenido (Kanellopoulou, Kermanidis y Giannakoulopoulos, 2019; Krutka, Carano, Casell, Lavoie y

Davidson-Taylor, 2019; Xie, Mayer, Wang y Zho, 2019)
- Cantidad, considerada como un índice de producción suficiente (Li, Antonenko y Wang, 2019; Neuman, Wing, Flynn y Kaefer, 2019; Sao y Tolani, 2018)
- Impacto, logrado a través de la concisión, narrativa audiovisual y cercanía cultural del video con los estudiantes (Ackermans, Rusman, Brand-Gruwel y Specht, 2019; Dai, 2019; Saurabh y Gautam, 2019)
- Producción estudiantil, como evidencia de aprendizaje y para la sostenibilidad del sistema (Damşa, Nerland y Andreadakis, 2019; Hoogerheide, Renkl, Fiorella, Paas y van Gog, 2019)

Como podrás imaginar, estas precisiones no son atomizadas. Aunque el método científico las presenta en su especificidad, parte de su éxito en los estudios de caso se debe al hecho de que se atiende esto y sin descuidar aquello. Puedes tener videos muy bien hechos; pero si no cuentas con la cantidad suficiente, sería imposible satisfacer la demanda y continuidad. Por otra parte, puedes contar con una cantidad apreciable; pero si estos no son lo suficientemente atractivos, será muy difícil que los estudiantes los vean o se sientan identificados con su contenido.

Con todo, podrás percibir que hubo mucho por hilvanar. Teníamos las tendencias y casos de éxito explícitamente declarados; pero, para llegar a esta situación, había que establecer las condiciones necesarias.

Por esa razón, nos enfocamos también en los procedimientos para lograr la calidad, cantidad, impacto y producción estudiantil que encontramos en las tendencias y casos de éxito. La respuesta llegó, precisamente, a partir de algo que se declara en cada parte de este libro: el conocimiento sobre cómo hacer las cosas. Te lo menciono de forma más detallada:

- Manejo del lenguaje y narrativa audiovisual, entendido como la forma para *contar bien* de forma visual y sonora, emplear los códigos narrativos en dicho soporte y fragmentar la realidad (Acaso, 2011; De la Fuente-Prieto, 2014; Jaramillo, 2008; Lorán-Herrero, 2016)
- Determinación del público objetivo, considerando motivaciones personales, gustos, intereses, conocimientos y capacidad de respuesta frente a ciertos estímulos (Camacho y Segarra, 2019; Dulanto, 2019).
- Medición y análisis de la eficacia comunicativa del producto, considerando este procedimiento antes, durante y después de su visualización (Dulanto, 2019; Galindo-Rubio, 2004; Suárez-Carballo, Galindo-Rubio y Martín-SanRomán, 2018).

- Desarrollo del producto, a través de la creación del mensaje, la producción y/o realización de este y la materialización del producto. En estas etapas se consideran, respectivamente, el aspecto emotivo, el uso de técnicas de desarrollo y la adaptación a los canales de transmisión (DaFonte-Gomez, 2014; Jenkins, 2008).

Con toda esta información, hicimos el ejercicio de ubicar *inputs* y *outputs* en el sistema conformado por el uso de MA en el centro educativo. El resultado fue muy interesante, pues teníamos el *qué queríamos* y el *cómo podíamos desarrollarlo*. Y al igual que ocurrió con el caso anterior, agregamos elementos propios de la gestión: el *input* "uso de recursos" y el *output* "aprendizaje".

Tabla 3. *Inputs* y *outputs* de los MA en el centro educativo

Procesos	Dimensiones
Inputs	- Conocimiento sobre el lenguaje y la narrativa audiovisual
	- Determinación del público objetivo
	- Desarrollo del producto
	- Medición y análisis de la eficacia comunicativa
	- Uso de recursos
Outputs	- Calidad del producto
	- Cantidad (índice de producción suficiente)
	- Impacto
	- Producción estudiantil
	- Aprendizaje

Elaboración: propia

Fuente: Marino-Jiménez et al., 2020b

Nota: Se agrega a los elementos utilizados el input "Uso de recursos" y el output "Aprendizaje". En ambos casos, su presencia se hace explícita y necesaria para la generación de resultados y como el principal de estos.

Los *inputs* y *outputs* son importantes; sin embargo, si para contar con una mejor vista de lo que está ocurriendo, no nos podíamos quedar con una visión lineal. Por eso, era indispensable retomar el uso de arquetipos para nuestra investigación. Esta vez, optamos por uno que ya conoces: *Fixes-That-Fail* (Clancy, 2018; Senge, 1990; Wade, 2015). Esta propuesta no fue gratuita. Al implementar MA en la educación, es lógico pensar en equipos y gastos… Pero también en retornos. Lo que ocurrió, en este caso, fue la observación de círculos viciosos que muchos centros educativos repitieron al invertir recursos, como medida para contrarrestar una baja producción (Figura 8).

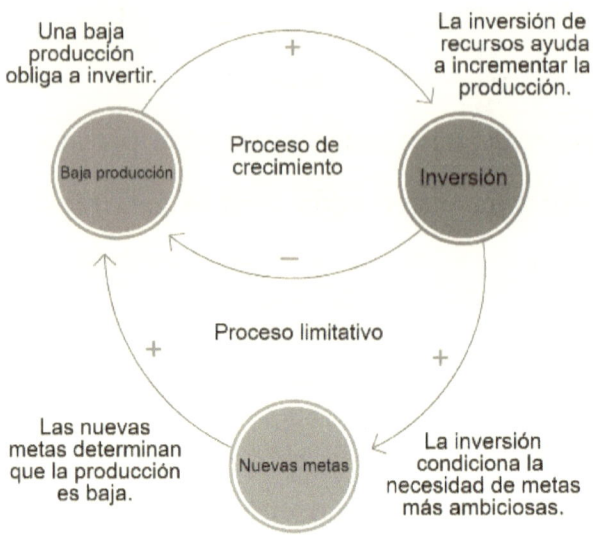

Figura 8. Arquetipo *Fixes-That-Fail* en el uso de MA para la educación

Fuente: Marino-Jiménez et al., 2020

Naturalmente, como se buscaba recuperar en la medida de la inversión, la meta iba subiendo, y determinando que lo obtenido era pobre. Por lo tanto, no bastaba con considerar la relación lineal entre un *input* llamado *uso de recursos* y un *output* denominado *cantidad* (de videos).

Como dice Vázquez-Cano, en los sistemas sociales (con actores y agentes humanos) la linealidad es solo aparente. Existen formas de canalizar los procesos, optimizando lo que se tiene a la mano y observando el ciclo completo. En este caso, el modelo *Fixes-That-Fail* también evidenciaba un desgaste, pero de forma cícicla; generando una diferencia cada vez mayor entre lo obtenido y las expectativas (Figura 9).

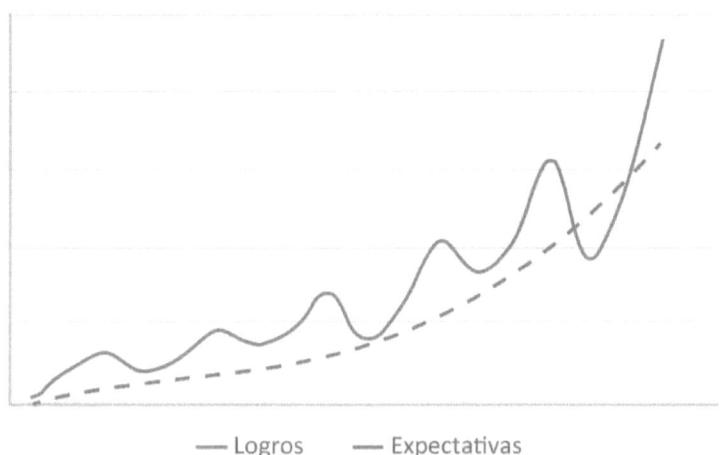

— Logros   — Expectativas

Figura 9. Pautas de conducta en el arquetipo *Fixes That Fail*

Fuente: Marino-Jiménez, et al., 2020b

Nota: Como se evidencia en las pautas de conducta, cada mejora supondrá una mayor expectativa, la cual alcanzará picos cada vez más alejados de lo conseguido.

Si dilapidar recursos era un problema que se resolvía en la EaD con conocimientos entre los docentes, personal administrativo y estudiantes; en los MA, el asunto pasaba tanto por *inputs* como el saber del lenguaje audiovisual, la determinación del público objetivo, el desarrollo del producto y la medición. Cada docente y estudiante podría preparar una nueva forma de generar producciones al alcance de sus manos, con recursos previamente adquiridos, como el teléfono celular; pero con estándares de trabajo que le den un carácter oficial y una calidad que difícilmente se alcanzaría sin conocimientos sobre narrativa audiovisual.

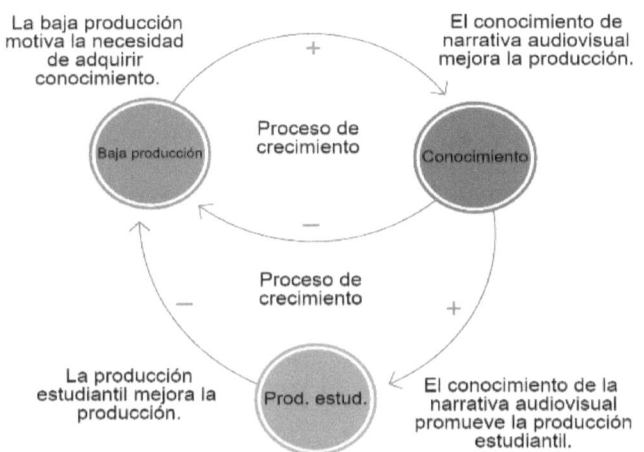

Figura 10. Recomposición del arquetipo *Fixes-That-Fail* en el uso de MA para la educación

Fuente: Marino-Jiménez et al., 2020b

Para que veas que el asunto siempre es una moneda de dos (o más) caras, imaginate que no se trata solo de cantidad, sino también de calidad e impacto. Puedes preocuparte por tener muchos videos, pero mantener una visualización muy baja. Esto podría hacerte creer que el asunto sigue pasando por la cantidad (de hecho, en el mundo de la ciencia, el comercio y prácticamente toda actividad humana parece enfocarse en ella).

Sin embargo, por más que produzcas videos, el consumo puede seguir apareciendo como insuficiente. ¿Qué ocurrió? Pues, algo muy sencillo: había que agregar una preocupación legítima por la calidad. Así como los buenos ejemplos enseñan o inspiran, los malos podrían disminuir el impacto y el propio aprendizaje. Tal es el caso de *Shifting-The-Burden* (cambiando la carga), un arquetipo dedicado a ilustrar cómo nuestra atención en un objetivo equivocado provoca resultados contraproducentes (Clancy, 2018; Senge, 1990; Wade, 2015) (Figura 11).

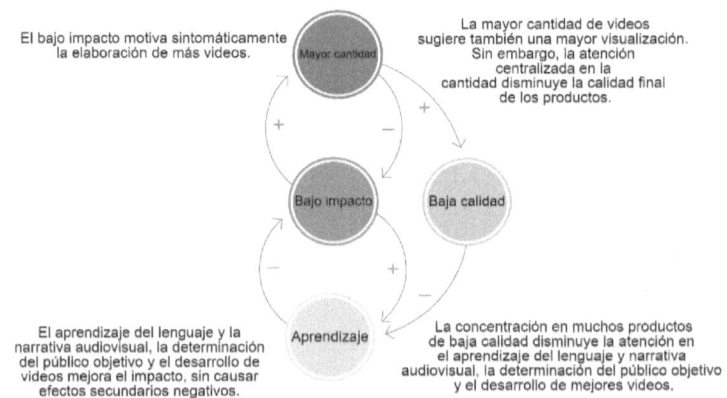

Figura 11. Arquetipo *Shifting the Burden* en el uso

de MA para la educación
Fuente: Marino-Jiménez et al., 2020b

Un rol activo de la comunidad académica para la elaboración de videos es providencial. Pero si no están orientados completamente, todo se vuelve inconsistente. Por ello, si se cuenta con especialistas en MA, una buena estrategia sería predicar con el ejemplo. Es decir, *ofrecer videos que enseñen a hacer videos.* Y no me refiero al manejo técnico de un software específico (todos ofrecen más o menos lo mismo, y cambian cada año). Lo importante era crear con técnicas para que el mensaje llegue efectivamente a otros; reflexionar sobre el tipo de público al que se dirigía el video y fortalecer su fidelización. Por ello, antes que hacer videos indiscriminadamente, el especialista podía mostrar la forma en que se puede hacer bien su propio trabajo, sin temor a ser reemplazado. Así, cada docente estaría en capacidad para desarrollar sus propios videos, fortaleciendo el aprendizaje disciplinar. Finalmente, los propios estudiantes serían retados a ofrecer evidencias de su trabajo mediante productos audiovisuales. Ese es un ejemplo de fluidez y transformación del conocimiento (Tabla 4).

Tabla 4. Ejemplos de uso de los MA en el centro educativo

Fuente	Tipo de contenido	Enlace
Especialista en MA	Video dedicado a la enseñanza de la composición audiovisual	shorturl.at/jFSVW
Docentes	Video dedicado a la enseñanza de una determinada disciplina (matemática)	shorturl.at/joq27

| Estudiantes | Producto de aprendizaje y modelo para otros estudiantes | shorturl.at/nsvEQ |

Elaboración: propia

Como puedes ver, en esos ejemplos sobre la EaD y los MA en la educación, ocurre algo que muchas organizaciones todavía olvidan: compartir y aprovechar el conocimiento con la participación de todos. Las jerarquías no son algo frágil: se encuentran en los contratos, se deben respetar y se recuerdan mucho más el día de pago. Sin embargo, para que una iniciativa de las áreas superiores funcione, se debe contrastar con los objetivos de todo el sistema; conocer cómo funciona este; y transparentar los procesos. No es un secreto que las empresas más exitosas parten de metas a largo plazo y de generar un ambiente de conocimientos compartidos. Si el pensamiento sistémico pone su cuota para que esto funcione, tu propia empresa podría hacer lo mismo.

Fuente: https://unsplash.com/photos/ZZ4mcBbH6o4

Puedes crear una idea en solitario; pero, para que funcione, tienes que cambiar de estado. Si elegiste personas para compartir y desarrollar tu visión, parte del secreto es convertirlas en cómplices.

3.3 Tercer caso: Educación y preservación de lenguas indígenas

Aunque Latinoamérica es una región constantemente golpeada por embates económicos y gobiernos populistas, algo que la caracteriza, enriquece y compromete es su legado cultural. Con un territorio megadiverso en el amplio sentido de la palabra, resume muy bien las contradicciones que hay entre la cultura global y las locales. Por una parte, es evidente la necesidad de integrar a las comunidades a los servicios, educación y oportunidades laborales que se ofrecen actualmente; por otra, las 420 lenguas indígenas que se concentran prioritariamente en la selva se encuentran bajo la constante amenaza de desaparecer, debido a las desigualdades en la calidad de vida, el abandono territorial y las amenazas sanitarias actuales (UNICEF, 2020).

Fuente: https://pixabay.com/es/photos/mujer-anciana-mexico-vejez-1093043/

La búsqueda de oportunidades de las nuevas generaciones ha provocado un abandono de las lenguas indígenas. En muchos casos, los ancianos son el principal soporte para ellas.

Como podrás imaginar, una preocupación tan altruista como la preservación de lenguas -junto con los conocimientos y costumbres asociadas a estas- (Floccia, et al., 2020; Günther, et al., 2020) se encuentran más en la mira de los gobiernos centrales que en los capitales privados, abocados principalmente a las ganancias. Sin embargo, economías poco afortunadas como las de estos países, su baja inversión en educación o investigación y las dificultades de acceso a espacios remotos hacen que toda iniciativa por parte del gobierno central resulte insuficiente.

La iniciativa más difundida de los últimos años es la Educación Intercultural Bilingüe (EIB), dedicada a formar profesionales en educación con un perfil muy específico: son nativos de una primera lengua indígena y aprenden o perfeccionan una lengua mayoritaria; lo cual les permite desenvolverse en una educación que incluya componentes de lo local y lo global (Grupo Banco Mundial, 2015).

El factor humano que logra la EIB es clave. Sin embargo, para que funcione eficazmente, también necesita de una importante adaptación a las múltiples realidades de las propias comunidades, el acceso a servicios estables de conexión de internet (para los casos más leves), además de energía eléctrica y agua (para los más graves). Si bien algunas comunidades sí cuentan con algunos de estos servicios, las más lejanas a las ciudades (y que tienen la mayoría de lenguas indígenas) tienen como únicos informantes a los comerciantes que intercambian bienes con personas fuera de la comunidad (Albertos y López-Hurtado, 2020; PNUD, 2019).

El escenario es complejo. La iniciativa empresarial, dedicada a las actividades extractivas como la minería, mantiene un discreto contacto con las comunidades. Los gobiernos centrales carecen de medios y recursos para satisfacer las necesidades educativas o de preservación cultural. Las iniciativas educativas pasan más por la acción individual, propias de los docentes que conocen sus respectivos escenarios, que por un esfuerzo articulado a gran escala. Este es, precisamente, el momento en que se debe ver más el ecosistema que el conjunto de árboles.

Fuente: https://pixabay.com/es/photos/eden-proyecto-cornwall-jard%C3%ADn-1746784/

Cuando converge la creación o el establecimiento de sistemas, contamos con dos tipos de jueces que determinan su éxito: los internos y los externos. Por ello, al incluirnos dentro de un territorio, debemos comprender mucho más que nuestro propio funcionamiento.

Una de las grandes calamidades de la especie humana es la falta de entendimiento. Al existir distintas lenguas, necesidades y recursos, resulta necesario conjugar todos estos saberes y objetivos. Por eso, formamos un equipo interdisciplinario que sea especialista en estos campos, que reúna una capacidad de diálogo fuera de serie y que comprenda tanto las características propias de las lenguas de las comunidades como las formas de trabajo en las empresas (Marino-Jiménez et al., 2020c). De otra forma, la interrelación entre un sistema que trabaje la enseñanza y preservación de las lenguas indígenas produciría frutos sólo a corto plazo.

Esta feliz coincidencia de equipo es como la diversidad: si no compagina juega en contra. Si se comprende la propuesta, logra grandes resultados. Imagina, de pronto, que puedes colaborar con quienes has competido toda tu vida. Piensa en una sociedad con esos desconocidos que están cerca de ti, pero de los que no sabes nada. Esa es la mejor fórmula para comenzar a tratar con la complejidad.

El primer paso es conocer las características de nuestro propio sistema. Aquí importaba saber cómo operar en lo educativo y luego trasladarlo al tratamiento, uso y difusión de las lenguas. Por ello, realizamos la misma indagación que antes. En cuanto a las lenguas, nos abocamos a corroborar que estas funcionan mejor cuando se trata de realizarlas en un sistema aplicable más que en el aprendizaje *per se*. Esa misma necesidad que nos obliga a aprender lenguas francas como el inglés se observa también en el contexto, en las necesidades humanas cotidianas y en la cercanía sintáctica (Chládkova y Paillereau, 2020; Culbertson, et. al., 2020; Wallace 2020).

Para aprovechar mejor los recursos tecnológicos bidireccionales y basados en estilos de aprendizaje, tomamos en cuenta la propuesta presentada por Ouyang Yu y Fu (2020). Un discurso que no solamente aprovecha el aporte tecnológico multimedial para la enseñanza de lenguas, sino también un acceso más justo y transparente a las nuevas experiencias de aprendizaje (Helsper, 2020).

En el trabajo con lenguas indígenas, no solo importa manejar un conocimiento de la propia lengua, sino también de una comprensión completa de la cultura en la que esta se desarrolla. Este trabajo no solo es necesario, sino también útil, pues al trasladar un mensaje, se atiende a contextualizaciones y adaptaciones que pueden variar de forma importante (Bigelow y Engman, 2020; Klaudi y Heltai, 2020). Esta potencialidad es mucho mayor si se agrega a esto el manejo de inteligencia artificial, la cual pueda incluir algoritmos vinculados con modelos de pensamiento (Specia, et al., 2018).

A esta suma de lo funcional, lo cultural y lo digital, cuyo camino se sostiene en iniciativas docentes y de gobierno, se puede incluir a agentes que manejan un lenguaje totalmente distinto: el sector privado.

La mirada de las empresas en estos años es muy específica: funciona en relación con las utilidades, para proteger su imagen pública y luchar contra la competencia. Además, muchas veces recurren a financistas que potencian esta tendencia, exigiendo resultados positivos a corto plazo. Por ello, es difícil conseguir una afinidad entre estos fines y valores como la preservación del medio ambiente o el estilo de vida de comunidades tradicionales. Por ello, es que seguramente te has encontrado con noticias que informan sobre protestas en las zonas mineras, falta de diálogo o la carencia de este.

Aunque te pueda parecer imposible, el conocimiento puede ayudar a solucionar problemas históricos como este. Y una teoría como las presiones institucionales, aplicada al mundo de la gestión, no solo puede ayudar a resolver el escollo, sino también lograr cierto nivel de compromiso en donde solo había incomprensión o desconfianza (Latan, et al., 2018; Wang, et al., 2018).

De acuerdo con esta propuesta, se puede recurrir a la imitación (de una competencia exitosa), la coerción (por normativas que obliguen a defender protocolos para preservar el medio ambiente) o asociación (con ciertos grupos a los que las empresas pertenecen), los cuales promueven la competitividad, la regulación o la imagen, respectivamente.

Dado que la imitación es una práctica incierta (porque depende de la competencia) y la coerción es recíproca (cuando los gobiernos se someten a la voluntad de las empresas, como ocurre con las democracias más débiles), el camino más adecuado es potenciar la asociación, en aquellos valores que contribuyan estratégicamente con lo que vimos antes. Es decir, conseguir que el territorio, las lenguas y las comunidades indígenas sean reconocidas e integradas en los intereses de las empresas. Por supuesto, esto se consigue de dos formas no excluyentes: mediante la difusión de información (sobre prácticas, estilos de pensamiento y medio ambiente) y a través de políticas como el *Shared Value,* abocadas a la idea de que promover el desarrollo mutuo en el presente se convertirá en el incremento de utilidades en un futuro cercano. Por otra parte, actuaciones como estas no solo disminuirán las protestas, sino también mejorarán la reputación y el apoyo (cercano y distante) a la propia empresa (Cag, 2019; Chiappetta, et al., 2020; Kramer y Pfitzer, 2016; Porter y Kramer, 2011).

Comprenderás que si se camina de forma separada en cuanto a estrategias, podrían ocurrir problemas en el proceso. Si solo se trabaja lo concerniente al conocimiento y preservación de lenguas, este proceso no será sostenible. Por otra parte, si una empresa está dispuesta a mejorar su reputación a través de estos valores tendrá dificultades para comprender las costumbres, lenguas y discusiones del espacio comunitario al no contar con información suficiente. Aquí entra el pensamiento sistémico para analizar, proponer acciones integradas y brindando una coparticipación de todos los involucrados (Arnold y Wade, 2015; Clancy, 2018; Kim, 2000; Maani y Cavana, 2007; Senge, 1990 y Senge, 2006). Por ello, se ofrecerá un ejemplo de esta aplicación según lo descrito.

De la misma forma que en el caso anterior, si vemos solamente el árbol (o solo uno de los tantos bosques que existen para un sistema como este), no habrá posibilidades de convertir esta tragedia histórica en un ecosistema funcional. Primero, veamos los *inputs* y *outputs*. Por supuesto, había que considerar que no se trataba solamente del reconocimiento o integración de las lenguas a través de métodos asociados a la didáctica y al mundo digital. También estaba la presencia del *Shared Value*, como una de las principales promotoras de lo que una empresa moderna debe hacer para conseguir su propia sostenibilidad (véase Tabla 1).

Tabla 5. Inputs y outputs para la constitución de un sistema educativo de lenguas indígenas

Procesos	Dimensiones
Inputs	- Conocimiento sobre las características de la lengua - Uso de tecnología - Características de la cultura - Participación positiva del sector privado (Shared Value)
Outputs	- Enseñanza de lenguas - Tratamiento de lenguas - Preservación e integración de la comunidad indígena - Reputación y mejora de la empresa privada

Fuente: Marino-Jiménez et al., 2020c

Aunque una empresa o una comunidad pueden ser un sistema en sí mismo, existen ocasiones en los que estos pueden ser parte de uno más grande. Pero eso depende de una adaptación estratégica, en la que desarrollen las principales características de todo sistema: delimitación, equifinalidad, jerarquías, participación e información. Recuerda lo que te comenté en el primer capítulo: debe haber transparencia en las acciones de un sistema, de modo que se sepa a dónde se tienen que enfocar las energías.

Como viste anteriormente, las relaciones dinámicas son sumamente importantes. Si la atención se centra sobre ciertas dimensiones, otras tantas quedarán aisladas y acabarán por debilitar a todo el sistema. Si se descuidan los aspectos culturales, en pro del soporte tecnológico, no se conseguirá la integración del medio ambiente, la comunidad y la participación que esta tiene. Si la oferta educativa en la zona no permite la formación de personal calificado, difícilmente podría relacionarse y fortalecerse los lazos entre la comunidad y la empresa. Por ello, la entidad privada continuará trabajando para sí misma (y su personal traído a la operación) y desatenderá lo que ocurre fuera. Esto puede expresarse a través del arquetipo *Success to the Successful* (Éxito para el exitoso) (véase Figura 12).

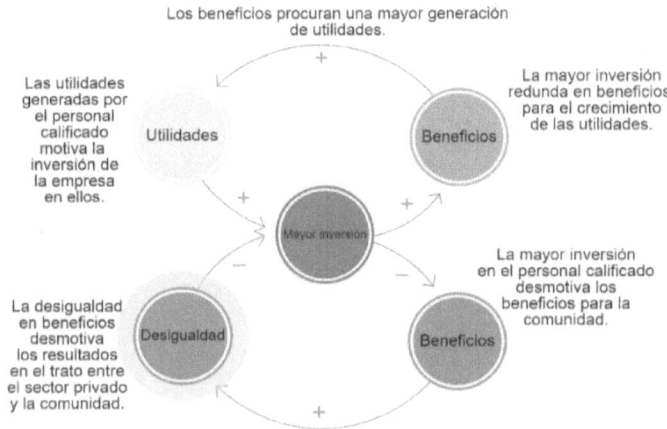

Figura 12. Arquetipo *Success to the Successful* aplicado a la relación entre las comunidades y el sector privado
Fuente: Marino-Jiménez et al., 2020c

Uno de los grandes problemas de la competitividad actual es que se trabaja en función de beneficios individuales. La desarrollan las empresas y lo heredan las personas que trabajan en ellas, en la búsqueda de destacar. Es decir, aunque trabajen en un bosque, siempre tendrán preferencia por su propio árbol... A veces, a costa de que se quemen o inunden los otros.

En cambio, al mirar hacia las relaciones que se generan, se puede mirar y actuar de forma sistémica. Por ejemplo, promover una educación de calidad dentro del territorio o la propia comunidad permitiría atender numerosas necesidades: permitir que la gente comprenda las características de la operación económica, capacitar a los habitantes para que puedan (potencialmente) incorporarse dentro dentro de la empresa, sensibilizar a las personas sobre las prácticas, costumbres y necesidades de las comunidades, etc.

Imagínate qué pasaría si una partida del presupuesto está dedicada a programas educativos sostenidos por tecnología disponible. Se podría incorporar la EIB dentro de un modelo de trabajo que no solamente sea sostenible, sino también sinérgico. Junto al mutuo entendimiento, disfrutaremos de una auténtica participación ciudadana (Bigelow y Engman, 2020; Klaudi y Heltai, 2020). ¿Servicios de Hostelería para trabajadores fuera del territorio? ¿Turismo Gastronómico? ¿Modernización de la agricultura? La lista de posibilidades es grande cuando vemos mucho más que nuestro propio árbol. Además, siempre está la mejora de reputación (véase Figura 13).

Figura 13. Corrección del arquetipo *Success to the Successful* aplicado a la relación entre las comunidades y el sector privado
Fuente: Marino-Jiménez et al., 2020c

Como ves, la potencialidad del pensamiento sistémico es enorme. Los grandes errores históricos de una gran empresa o de un estilo de trabajo pueden reajustarse en un entorno en el que la información, el reconocimiento y la transparencia pueden aportar en mutuo beneficio. Por eso, si tu propósito es innovar, es necesario que tomes en cuenta las distintas partes de este delicado mecanismo que está en tus manos.

Si bien los cambios culturales (en especial, cuando hay organizaciones detenidas en el tiempo) implican cambios importantes, el aporte del pensamiento sistémico es más que extraordinario. No solo te ayudará a ordenar tu propia perspectiva en un espacio que está cambiando a cada instante, sino que te ayudará a comprender las direcciones y orientaciones de lo que vendrá… Y si crees, como yo, que la mayoría de las personas no lo podrán entender, tu aporte a este mundo será incluso más valioso.

Recomendaciones finales

Aunque mi nombre aparece como autor de este libro, voy a insistirte en que no podría haberlo escrito sin trabajar esa doble faceta que es conocer una teoría y aplicarla con los saberes, experiencias e iniciativas de otros. En cierto modo, los trabajos que te he compartido han marcado un antes y un después en nuestras relaciones profesionales, académicas y amicales. ¿Puedes creerlo? En verdad, todo está conectado. No solamente los aprendizajes y cambios en las organizaciones; no solo en lo que iba a ser este libro y aquello en lo que terminó por convertirse.

Por todo ello, quiero que sientas motivación por experimentar ideas con otros, ensayar y volver a probar. Piensa en el deporte: mientras más lo practiques, tendrás mejor desempeño… Y no sientas pena en usar un mismo arquetipo varias veces (te recomiendo revisar la lista completa en el libro de Senge y la explicación detallada de tres de ellos en el artículo de Clancy): lo importante es que te sirva.

Sé paciente (mucha gente que me conoce se estará riendo cuando lea esto). A menudo, me cuesta trabajo relajarme, descansar y ver cómo transcurre la vida. De hecho, te lo recomiendo precisamente porque necesitas hacer esto con calma. Las mejores ideas ocurren en dos situaciones: cuando tu mente divaga y cuando conversas con alguien brillante. Y en el segundo caso, no importa tanto quién la dijo, sino identificar que esa es la idea que pueden poner en práctica. Por esa razón, cierro con la misma recomendación: sé paciente. Sobre todo, con quienes tienen ese potencial para innovar contigo.

Motiva a que los demás completen todo el recorrido del sistema que decidieron trabajar. No será fácil. Algunos te mirarán raro, y la mayoría nunca lo hará. En tu caso, espero que ya te hayas comprometido. Nadie nace sabiendo; y es mejor que pises firme en algo antes que repetir los mismos errores. No siempre será tu decisión que se haga lo correcto... Pero un buen número de aciertos siempre es cultural y socialmente útil.

Y ahora sí, te dejo experimentar. Puedes empezar con un lápiz y un papel; revisa las páginas que están en las referencias; y cuando ya sientas un poco de confianza, ingresa a Loopy (https://ncase.me/loopy/) para poner a prueba todas las relaciones positivas y negativas que observas a tu alrededor. Esta herramienta te servirá para ilustrar profesionalmente los arquetipos y darles sentido a tus hallazgos. Luego, cuando sientas un poco más de dudas (ese es un buen síntoma), vuelve a este libro para ver (ahora sí, con un poco más de calma) los ejemplos que te he presentado, y compáralos con tu propio trabajo. Hay muchos más arquetipos por descubrir, implementar y utilizarlos para generar cambios. Por eso, al haber terminado esta lectura, te has comprometido a ser uno de los más importantes agentes para lograrlos.

Bibliografía

Acaso, M. (2011). *El lenguaje visual.* Barcelona: Ediciones Paidós Ibérica.

Albertos, C. y López-Hurtado, L. (2020). ¿Puede la educación intercultural bilingüe mejorar vidas? https://blogs.iadb.org/igualdad/es/puede-la-educacion-intercultural-bilingue-mejorar-vidas/

Ackermans, K., Rusma, E., Brand-Gruwel, S. y Specht, M. (2019). Solving instructional design dilemmas to develop a Video Enhanced Rubric with modeling examples to support mental model development of complex skills: the Viewbrics-project use case. *Educational Technology Research and Development, 67*(4), 983-1002. doi: https://doi.org/10.1007/s11423-019-09668-1

Albertos, C. y López-Hurtado, L. (2020). ¿Puede la educación intercultural bilingüe mejorar vidas? https://blogs.iadb.org/igualdad/es/puede-la-educacion-intercultural-bilingue-mejorar-vidas/

Amorós, L. (2018). "Autoevaluación con Learning Analytics en el Grado Educación Infantil", en Carrera, F.; Martínez, F; Coiduras, J.; Brescó, E. y Vaquero, E. (editores) (2018). *EDUcación con TECnología: un compromiso social. Aproximaciones desde la investigación y la innovación,* Lleida: Edicions de la Universitat de Lleida y Asociación EDUTEC, 142-146

Arancibia, M. (2018). "Creencias de los docentes acerca de la enseñanza y su relación con el dominio técnico y didáctico de la plataforma Moodle", En Carrera, F.; Martínez, F.; Coiduras, J.; Brescó, E. y

Vaquero, E. (editores) (2018), *EDUcación con TECnología: un compromiso social. Aproximaciones desde la investigación y la innovación,* Lleida, Edicions de la Universitat de Lleida y Asociación EDUTEC, 62-67

Arnold, R., y Wade, J. (2015). A definition of systems thinking: a systems approach. *Procedia Computer Science, 44,* 669-678

Baltodano, M., y Quesada, A. (2018). "Diagnóstico de las condiciones de acceso y uso de tecnologías digitales por parte del profesorado en comunidades indígenas de Costa Rica", en Carrera, F.; Martínez, F.; Coiduras, J.; Brescó, E. y Vaquero, E. (editores) (2018), *EDUcación con TECnología: un compromiso social. Aproximaciones desde la investigación y la innovación,* Lleida, Edicions de la Universitat de Lleida y Asociación EDUTEC, 212-217

Bañuls, G. (2018), "Los docentes, ¿cómo se disponen a aprender sobre el uso de TIC con sentido pedagógico?", en Carrera, F.; Martínez, F.; Coiduras, J.; Brescó, E. y Vaquero, E. (editores) (2018), *EDUcación con TECnología: un compromiso social. Aproximaciones desde la investigación y la innovación,* Lleida, Edicions de la Universitat de Lleida y Asociación EDUTEC, 153-171

Bigelow, M. y Engman, M. (2020). Doing Indigenous Languages Reclamation. *The Modern Languages Journal,* 104(2). https://doi.org/10.1111/modl.12652

Cag, D. (2019). Michael Porter's Approach: How to Create Shared Value in Business (Top 3 Tips). *Richtopia.* https://richtopia.com/effective-leadership/michael-porter-shared-value.

Camacho, M. y Segarra, M. (2019). La narrativa transmedia aplicada a la comunicación corporativa. https://doi.org/10.26441/RC18.2-2019-A11

Chang, C. C., Chou, P. N., y Liang, C., (2018), "Using ePortfolio-based learning approach to facilitate knowledge sharing and creation among college students", en *Australasian Journal of Educational Technology*, *34*(1), 30-41. https://doi.org/10.14742/ajet.2687

Chládková, K. y Paillereau, N. (2020). The What and When of Universal Perception: A Review of Early Speech Sound Acquisition. *Language Learning. A Journal of Research in Language Studies, 70*(2). https://doi.org/10.1111/lang.12422

Clancy, T. (2018). Systems Thinking: Three System Archetypes Every Manager Should Know. *IEEE Engineering Management Review*, 46(2), 32-41.

Culbertson, J., Franck, J., Braquet, G., Barrera, M. y Arnon, I. (2020). A learning bias for word order harmony: Evidence from speakers of non-harmonic languages. *Cognition,* 204. https://doi.org/10.1016/j.cognition.2020.104392

DaFonte-Gómez, A (2014). Claves de la publicidad viral: De la motivación a la emoción en los vídeos más compartidos. *Comunicar,* 22(43), 199-207. doi: http://dx.doi.org/10.3916/C43-2014-20

Dai, Y. (2019). Situating videoconferencing in a connected class toward intercultural knowledge development: A comparative reflection approach. *The Internet and Higher Education,* 41(2), 1-10. doi: https://doi.org/10.1016/j.iheduc.2018.11.001

Damşa, C., Nerland, M. y Andreadakis, Z. (2019). An ecological perspective on learner-constructed learning spaces. *British Journal of Education Technology*, 50(5), 2090-2108. doi: https://doi.org/10.1111/bjet.12855.

Degawan, M. (2019). Lenguas indígenas, conocimientos y esperanza. *Correo de la UNESCO. Un solo mundo, voces múltiples.* https://es.unesco.org/courier/2019-1/lenguas-indigenas-conocimientos-y-esperanza

De la Fuente-Prieto, J. (2014): Alfabetización mediática: del prosumidor al profesional. *Historia y Comunicación Social*, 19(451), 451-464. doi: http://dx.doi.org/10.5209/rev_HICS.2014.v19.45041

Dulanto, C. (2019). *El Insight en el Diván: Las voces ocultas del consumidor.* Conecta

Floccia, C., Luche, C., Lepadatu, J., Chow, J., Ratnage, P. y Plunkett, K. (2020). Translation equivalent and cross-language semantic priming in bilingual toddlers. *Journal of Memory and Language, 112*(1). https://doi.org/10.1016/j.jml.2019.104086

Galindo-Rubio, F. (2004). *Comunicación Audiovisual Corporativa. Cómo audiovisualizar la identidad de las organizaciones*. Salamanca: Publicaciones Universidad de Salamanca

Grupo Banco Mundial (2015). Latinoamérica indígena en el siglo XXI. Primera década. http://documents.worldbank.org/curated/en/541651467999959129/pdf/Latinoam%C3%A9rica-ind%C3%ADgena-en-el-siglo-XXI-primera-d%C3%A9cada.pdf

Günther, F., Petilli, M., y Morelli, M. (2020). Semantic transparency is not invisibility: A computational model of perceptuallygrounded conceptual combination in word processing. *Journal of Memory and Language,* *112*(1). https://doi.org/10.1016/j.jml.2020.104104

Helsper, E. (2020). The Social Relativity of Digital Exclusion: Applying Relative Deprivation Theory to Digital Inequalities. *Communication Theory, 27*(3), 223-242.

https://doi.org/10.1111/comt.12110

Hoogerheide, V., Renkl, A., Fiorella, L., Paas, F., y van Gog, T. (2019). Enhancing example-based learning: Teaching on video increases arousal and improves problem-solving performance. *Journal of Educational Psychology,* 111(1), 45-56. http://dx.doi.org/10.1037/edu0000272

Jaimovich, D. (2018). La historia detrás del primer video que se subió a YouTube. Recuperado de https://www.infobae.com/america/tecno/2018/04/23/la-historia-detras-del-primer-video-que-se-subio-a-youtube/

Jaramillo, F. (2008). *Televisión Corporativa.* Medellín: Universidad de Medellín

Jenkins, H. (2008). *Convergence culture: la cultura de la convergencia de los medios de comunicación.* Barcelona: Paidós

Jesson, R., Mc Naughton, S., Wilson, A., Zhu, T., y Cockle, V. (2018), "Improving Achievement Using Digital Pedagogy: Impact of a Research Practice Partnership", en *Journal of Research on Technology in Education*, vol. 50, núm. 3, 183-199

Joo, Y. J., Park, S., y Lim, E. (2018), "Factors Influencing Preservice Teachers' Intention to Use Technology: TPACK, Teacher Self-efficacy, and Technology

Acceptance Model", *Educational Technology & Society*, *21*(3) 48–59. https://eric.ed.gov/?id=EJ1184368

Kanellopoulou, C., Kermanidis, K., y Giannakoulopoulos, A. (2019). The dual-coding and multimedia learning theories: Film subtitles as a vocabulary teaching tool. *Education Sciences*, 9(3). https://doi.org/10.3390/educsci9030210

Kim, D. (2000). *Systems Archetypes*. Pegasus Communications.

Klaudi, K. y Heltai, P. (2020). Re-domestication, Repatriation, and Additional Domestication, in Cultural Back-Translation. *Accross Language and Cultures*, *21*(1), 43-65. https://akjournals.com/view/journals/084/21/1/article-p43.xml.

Kramer, M. y Fitzer, M. (2016). The Ecosystem of Shared Value. *Harvard Business Review*. https://hbr.org/archive-toc/BR1610.

Krutka, D., Carano, K., Cassell, L., Lavoie, M., y Davidson-Taylor, K. (2019). Wise Practices and Intercultural Understandings: A Framework for Educator Videoconferencing. *Journal of Research on Technology in Education*, 51(4), 356-376. https://doi.org/10.1080/15391523.2019.1652869

Ladagga, R. (2016). ¿Por qué fracasan los negocios? *Entrepreneur*. https://www.entrepreneur.com/article/274610

Latan, H. Chiappetta, C. Lopes, A., Fosso, S. y Shahbaz, M. (2018). Effects of environmental strategy, environmental uncertainty and top management's commitment on corporate environmental performance: the role of environmental management accounting. *Journal of Cleaner Production,* 180, 297-306. https://doi.org/10.1016/j.jclepro.2018.01.106

Li, J., Antonenko, P., y Wang, J. (2019). Trends and issues in multimedia learning research in 1996–2016: A bibliometric analysis. *Educational Research Review,* 28. https://doi.org/10.1016/j.edurev.2019.100282.

Lin, D., Murakami, Y., Ishida, T. (2020). Towards Language Service Creation and Customization for Low-Resource Languages. *Information, 11*(2), 67. https://doi.org/10.3390/info11020067

López, L., y Callapa, C. (2019). Situación general de las lenguas indígenas y políticas gubernamentales en América Latina y el Caribe. *Regional Conference on Indigenous Languages of Latin America and the Caribbean* held in Cuzco. https://www.researchgate.net/publication/336146115_Situacion_general_de_las_lenguas_indigenas_y_politicas_gubernamentales_en_America_Latina_y_el_Caribe.

Lorán-Herrero, M. (2016). *La comunicación corporativa audiovisual: propuesta metodológica de estudio* [Tesis doctoral]. http://hdl.handle.net/10952/1839.

Lores, B., y Sánchez, P. (2018), "Diseño y validación piloto de un cuestionario sobre el uso, la formación y las actitudes y creencias de docentes de educación primaria de la provincia de Castellón (España)", En Carrera, F.; Martínez, F.; Coiduras, J.; Brescó, E. y Vaquero, E. (editores) (2018). *EDUcación con TECnología: un compromiso social. Aproximaciones desde la investigación y la innovación,* Lleida: Edicions de la

Universitat de Lleida y Asociación EDUTEC, 243-247

Lowney, C. (2004). *El liderazgo al estilo de los jesuitas*. Grupo Editorial Norma.

Maani, K. y Cavana, R. (2007). *Systems thinking, system dynamics: Managing change and complexity*. Prentice Hall

Magen-Nagar, N., y Shonfeld, M. (2018), "Attitudes, Openness to Multiculturalism, and Integration of Online Collaborative Learning", en *Educational Technology & Society*, *21*(3), 1–11

Moore, M.G., y Kearsley, G. (2012). *Distance education: A systems view of online learning*. Thomson/Wadsworth

Marino-Jiménez, M., Harman-Canalle, U. y Alvarado-Choy, F. (2020a). La educación a distancia desde el pensamiento sistémico: una mirada necesaria para los actores del centro educativo de nivel superior. *Revista Iberoamericana de Educación Superior, 11*(32), 183-197. https://doi.org/10.22201/iisue.20072872e.2020.32.821

Marino-Jiménez, M., Torres-Ravello, C., y Valdivia-Llerena, G. (2020b). Educación y medios audiovisuales: una reflexión sistémica para su implementación, fortalecimiento y sostenibilidad. *Propósitos y Representaciones, 8*(1). http://dx.doi.org/10.20511/pyr2020.v8n1.438

Marino-Jiménez, M., Rojas-Noa, F. y Sullón-Acosta, K. (2020c). Lenguas Indígenas: Un sistema de educación y preservación a través de la tecnología, las presiones institucionales y el pensamiento sistémico. En Sánchez-Rivas, E., Colomo-Magaña, E., Ruíz-Palmero, J. y Sánchez, Rodríguez-José. *Tecnologías*

Educativas y Estrategias Didácticas. 585-596. https://riuma.uma.es/xmlui/handle/10630/20345

Moore, M.G., y Kearsley, G. (2012). *Distance education: A systems view of online learning*. Belmont, CA: Thomson/Wadsworth

Moriello, S. (2005). *Inteligencia Natural y Sintética*. Editorial Nueva Librería.

Morin, E. (2017), Reseña de Leonardo G. Rodríguez Zoya (Coord) (2016). En *La emergencia de los enfoques de la complejidad en América Latina*, t. I, Comunidad Editora Latinoamericana, Buenos Aires, Argentina, 370. pp. Librarius. *Utopía y praxis latinoamericana, 22*(78), 163-174. http://www.redalyc.org/articulo.oa?id=27952381013

Neuman, S. B., Wong, K. M., Flynn, R., y Kaefer, T. (2019). Learning vocabulary from educational media: The role of pedagogical supports for low-income preschoolers. *Journal of Educational Psychology, 111*(1), 32-44. http://dx.doi.org/10.1037/edu0000278

Osuna-Acedo, S., Marta-Lazo, C., y Frau-Meigs, D. (2018), "De sMOOC a tMOOC, el aprendizaje hacia la transferencia profesional: El proyecto europeo ECO", en *Comunicar. Revista Científica de Educomunicación*, 36(55), 105-114

Ouyang, Q., Yu, Y. y Fu, A. (2020). Building disciplinary knowledge through multimodal presentation. *Babel, 63*(1). https://doi.org/10.1075/babel.

Piaget, J., Inhelder, B. (2012) A psicologia da criança. RJ: Difel

PNUD (2019). Las desigualdades del siglo XXI: Nuevo informe del PNUD analiza el problema a la luz del descontento social en Latinoamérica. https://www.pe.undp.org/content/peru

/es/home/presscenter/articles/2019/las-desigualdades-del-siglo-xxi--nuevo-informe-del-pnud-analiza-.html.

Porter, M. y Kramer, M. (2011). Creating Shared Value. *Harvard Business Review*. https://hbr.org/2011/01/the-big-idea-creating-shared-value.

Rosado-May, F. y Cuevas-Albarrán, V. (2019). Modelos educativos en la educación universitaria para indígenas en el contexto latinoamericano. *Revista de Investigación Educativa* 29. http://cpue.uv.mx/index.php/cpue/article/view/2632/html.

Rufo, J. (2018), "Un caso de éxito de aplicación del aprendizaje adaptativo a una plataforma elearning - Neo LMS", en Carrera, F.; Martínez, F.; Coiduras, J.; Brescó, E., y Vaquero, E. (editores) (2018), *EDUcación con TECnología: un compromiso social. Aproximaciones desde la *investigación y la innovación,* Lleida, Edicions de la Universitat de Lleida y Asociación EDUTEC, 2119-2124

Rusman, E., Ternier, S., y Specht, M. (2018), "Early Second Language Learning and Adult Involvement in a Real-World Context: Design and Evaluation of the ´ELENA Goes Shopping´ Mobile Game", en *Educational Technology & Society*, *21*(3), 90–103

Sao, R. y Tolani, K. (2018). What Do Millennials Desirefrom? A Study of Expectations From Workplace. *Helix, 8*(6), 4157- 4160. https://doi.org/10.29042/2018-4157-4160.

Saurabh, S. y Gautam, S. (2019). Modelling and statistical analysis of YouTube's educational videos: A channel Owner's perspective. *Computers & Education*,

128(1), 145-158.
http://dx.doi.org/10.17632/yv85ckvvvb.1#file-13a5acd1-a9bf-4942-96e9-32b8e184e1d5

Schoderbek, P., Schoderbek, C. y Kefalas, A (1985) Management Systems: Conceptual Considerations, Boston: Irwin Senge, Peter (1990). *The Fifth Discipline.* Currency Doubleday

Senge, P. (1990). *The Fifth discipline. The Art & Practice of the Learning Organization.* Currency Doubleday

Senge, P. (2006). *La quinta disciplina en la práctica.* Granica

Smith, K. (2019). 46 estadísticas fascinantes sobre Youtube. Recuperado de https://www.brandwatch.com/es/blog/46-estadisticas-youtube/

Specia, L., Scarton, C. y Paetzold, G. (2018). *Quality Estimation for Machine Translation.*

https://doi.org/10.2200/S00854ED1V01Y201805HLT039

Suárez-Carballo, F., Galindo-Rubio, F., y Martín-SanRomán, J. (2018). La simplicidad en el diseño de marcas gráficas: análisis de la preferencia. *Arte, Individuo y Sociedad 30*(2). http://dx.doi.org/10.5209/ARIS.56791

Tydaly, M., y Pérez, A. (2018), Hábitos, usos y actitudes en Internet del alumnado de 8-12 años de la barriada de "Los Junquillos" en la Línea de la Concepción (Cádiz)", en Carrera, F.; Martínez, F.; Coiduras, J.; Brescó, E., y Vaquero, E. (editores) (2018), *EDUcación con TECnología: un compromiso social. Aproximaciones desde la investigación y la innovación,* Lleida, Edicions de la Universitat de Lleida y Asociación EDUTEC, 195-200

Uekusa, S. (2020). Disaster linguicism: Linguistic minorities in disasters. *Language in Society,*

48, 353–375. https://doi.org/10.1017/S0047404519000150.

UNICEF (2020). UNICEF presenta el Atlas sociolingüístico de pueblos indígenas en América Latina. https://www.unicef.es/prensa/unicef-presenta-el-atlas-sociolinguistico-de-pueblos-indigenas-en-america-latina.

Valentim, B. de F. B., Vestena, C. L. B., Costa-Lobo, C., & Schipper, C. M. de. (2022). Inteligência e moralidade nas altas habilidades/superdotação: perspectivas piagetianas. *Acta Scientiarum. Education, 45*(1), e54836. https://doi.org/10.4025/actascieduc.v45i1.54836

Vandoorne, P. (2018). Es un buen año para la producción audiovisual. *Udep Hoy*. http://udep.edu.pe/hoy/2018/es-unbuen-ano-para-la-produccion-audiovisual/

Vázquez-Cano, E. (2012). *Caos, Complejidad y Tecnologías en el Centro Educativo. La Escuela en el Siglo XXI*. Saarbrücken: Editorial Académica Española

Verdú, V. (2006). *El estilo del mundo. La vida en el capitalismo de ficción*. Anagrama

Wallace, M. (2020). Individual Differences in Second Language Listening: Examining the Role of Knowledge, Metacognitive Awareness, Memory, and Attention. *Language Learning. A Journal of Research in Language Studies, 70*(2). https://doi.org/10.1111/lang.12424

Wang, S., Wang, H y Wang, J. (2018). Exploring the effects of institutional pressures on the implementation of environmental management accounting: Do top management support and perceived benefit work? *Business Strategy and the*

Environment, 28, 233-243. https://doi.org/10.1002/bse.2252

Xie, H., Mayer, R. E., Wang, F., y Zhou, Z. (2019). Coordinating visual and auditory cueing in multimedia learning. *Journal of Educational Psychology, 111*(2), 235-255. http://dx.doi.org/10.1037/edu0000285

Yang, J. C., y Quadir, B. (2018), "Effects of Prior Knowledge on Learning Performance and Anxiety in an English Learning Online Role-Playing Game". *Educational Technology & Society, 21*(3), 174–185.

Yeh, H.-C. (2018), "Exploring the perceived benefits of the process of multimodal video making in developing multiliteracies". *Language Learning & Technology, 22*(2), 28–37. https://doi.org/10125/44642

Yudes-Gómez, C., Baridon-Chauve, D., y González Cabrera, J. (2018), "Ciberacoso y uso problemático de Internet en Colombia, Uruguay y España: Un estudio transcultural". *Comunicar. Revista Científica de Educomunicación*, *36*(56), 49-58, https://doi.org/10.3916/C56-2018-05

www.ingramcontent.com/pod-product-compliance
Lightning Source LLC
Chambersburg PA
CBHW031922240526
45464CB00022B/640